Corinne Jausserand

Fotos: Caroline Faccioli

Mediterrane Sommerküche

für heiße Tage und beste Freunde

Inhalt

Der Geschmack von Sommer, Sonne und Meer

Haben Sie Ihren letzten Urlaub am Mittelmeer verbracht und schwelgen noch in Erinnerungen an die vielen Köstlichkeiten, die Sie dort genießen konnten? Oder möchten Sie sich und Ihre Liebsten einfach nur mit sommerlichen mediterranen Aromen verwöhnen? Mit diesem Buch, den richtigen Zutaten und ein wenig Planung zaubern Sie im Handumdrehen den Geschmack des Südens auf Ihren Tisch.

Dieses Sommerkochbuch bietet Ihnen mehr als 55 Rezeptvorschläge, die leicht und schnell zubereitet sind, jedem schmecken und auch das Budget nicht allzu sehr strapazieren. So wird es Ihnen auch zu Hause gelingen, köstliche mediterrane Gerichte zuzubereiten.

Die Vorgehensweise ist ganz einfach: Planen Sie zunächst das Menü, machen Sie dann eine genaue Liste von den Zutaten, die Sie benötigen, und los geht's mit dem Einkauf. Dabei sollten Sie die nicht verderblichen Zutaten immer auf Vorrat einkaufen: Olivenöl, Balsamico, Gewürze, Reis, Nudeln, Kekse, Kartoffeln, Kräutertöpfe …

Bei Obst und Gemüse lohnt sich ein Ausflug auf den Wochenmarkt, um Pfirsiche, Pflaumen, Aprikosen, Melonen, Tomaten, Gurken, Zucchini, Auberginen, Paprika und vieles mehr ganz frisch zu kaufen. Wenn Sie im Urlaub am Meer sind, ist der Einkauf von fangfrischem Fisch im nahen Hafen schnell erledigt. Zu Hause wird Ihr Fischhändler Ihnen sicherlich gern helfen und Sie beraten, welcher gerade vorhandene Fisch sich am besten für die verschiedenen Zubereitungen eignet.

Die Rezepte in diesem Buch sind für sechs Personen angelegt. Ohne kompliziertes Rechnen können sie auch für 3, 12 oder 18 Personen zubereitet werden, indem Sie die Zutaten halbieren, verdoppeln oder verdreifachen.

Holen Sie sich den Geschmack des mediterranen Sommers auf den Tisch und erleben Sie entspannte Momente des Beisammenseins mit Familie und Freunden, bei denen Sie diese aromatischen und gesunden Gerichte genießen.

Rotes und grünes Pesto sowie Tapenade sind drei Saucen oder Dips, die Sie immer bereit haben sollten. Mit etwas Olivenöl begossen und in einem verschlossenen Glas abgefüllt, lassen sie sich gut im Kühlschrank aufbewahren. Sie können sie aber auch in größerer Menge zubereiten und in kleinen Portionen einfrieren.

Tomaten-Pesto

- ~ 80 g Pinienkerne
- ~ 1 Knoblauchzehe
- ~ 150 g eingelegte sonnengetrocknete Tomaten
- ~ 4 EL passierte Tomaten
- ~ 3–4 Basilikumblätter
- ~ 5 EL Olivenöl
- ~ Salz und frisch gemahlener Pfeffer

ERGIBT ETWA 300 G ~ ZUBEREITUNG: 10 MIN.

Die Pinienkerne in einer Pfanne rösten. Den Knoblauch schälen. Alle Zutaten außer Olivenöl in den Behälter des Mixers geben. Pürieren und dabei langsam das Olivenöl zugießen.

Küchentipp: Geschmacklich ist ein grobes Pesto mit Stückchen von Pinienkernen und Basilikumblättern interessanter. Pürieren Sie das Pesto also nicht allzu fein.

Serviervorschlag: Kleine geröstete Brotscheiben mit rotem Pesto bestreichen und zum Aperitif reichen (siehe Rezept für Crostini, S. 12). Als Dressing verrühren Sie rotes Pesto mit etwas Olivenöl.

Basilikum-Pesto

- ~ 2 kleine Knoblauchzehen
- ~ 40 g Pinienkerne
- ~ 40 g Basilikum
- ~ 50 g Parmesan, frisch gerieben
- ~ 120 ml Olivenöl
- ~ Salz und frisch gemahlener Pfeffer

ERGIBT ETWA 250 G ~ ZUBEREITUNG: 10 MIN.

Den Knoblauch schälen. Alle Zutaten außer Olivenöl in den Behälter des Mixers geben. Pürieren und dabei langsam das Olivenöl zugießen.

Serviervorschlag: Pesto passt hervorragend zu warmer Pasta oder Nudelsalat, aber auch zu einem Risotto. Es kann auch das kleine Etwas zu einer Quiche sein oder herzhafte kleine Kuchen und Muffins ergänzen. Pesto ergibt eine köstliche Sauce zu gegrilltem oder im Backofen gegartem Fisch.

Tapenade

- ~ 20 g Sardellenfilets in Öl
- ~ 2 Knoblauchzehen
- ~ 200 g entsteinte schwarze Oliven
- ~ 3 EL Kapern
- ~ 100 ml Olivenöl
- ~ frisch gemahlener Pfeffer

ERGIBT ETWA 300 G ~ ZUBEREITUNG: 10 MIN.

Die Sardellenfilets abtropfen lassen. Den Knoblauch schälen. Alle Zutaten außer Olivenöl in den Behälter des Mixers geben. Pürieren und das Olivenöl langsam zugießen, bis eine relativ grobe Konsistenz erreicht ist.

Serviervorschlag: Geröstete Brotscheiben mit Tapenade sind ein Leckerbissen zum Aperitif. Tapenade würzt eine Tomaten-Tarte (auf den Teigboden streichen) oder Fischfilet (über den Fisch verteilen, bevor er in den Ofen geschoben wird) ganz vorzüglich.

Tapenade passt gut zu Knabbergebäck aus Blätterteig (siehe S. 8).

Sie sollten immer Blätterteig im Kühl-schrank griffbereit haben. So können Sie jederzeit schnell frisches Knabbergebäck zaubern.

Knusperstangen aus Blätterteig

~ 2 Lagen fertiger Blätterteig
  zum Ausrollen
~ 1 Eigelb
~ 8 EL Tapenade aus schwarzen
  Oliven (siehe. S. 6) oder
  Sesamsaat oder geriebener
  Käse

ERGIBT ETWA 40 GEBÄCKSTANGEN ~ ZUBEREITUNG: 10 MIN. ~ BACKZEIT 15 MIN.

Den Backofen auf 180 °C vorheizen.
Den Blätterteig ausbreiten. Das Ei aufschlagen und Eigelb und Eiweiß trennen. Das Eigelb leicht verquirlen und den Teig damit einpinseln; mit schwarzer Oliven-Tapenade bestreichen oder mit Sesamsaat oder geriebenem Käse bestreuen.
Den so belegten Teig in lange Streifen von etwa 1 cm Breite schneiden. Die Streifen dann verdrehen.
Die Teigstreifen auf ein mit Backpapier ausgelegtes Backblech legen. Dabei genügend Abstand lassen, damit sie während des Backens nicht aneinanderhaften. 15 Minuten im vorgeheizten Ofen garen. Die Knusper-stangen aus dem Ofen nehmen und servieren.

💡 **Alternativen:** Sie können den Teig mit unterschiedlichen Formen ausstechen und Ihr Gebäck wahlweise mit Meersalz, Rosmarin, Mohnsaat oder Leinsamen aromatisieren.

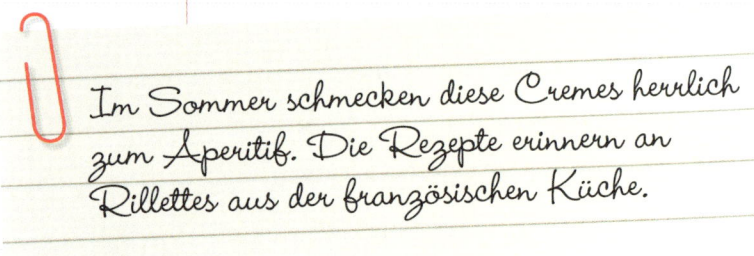

Im Sommer schmecken diese Cremes herrlich zum Aperitif. Die Rezepte erinnern an Rillettes aus der französischen Küche.

Thunfischcreme mit grünem Apfel

- ~ 400 g Thunfisch aus der Dose, im eigenen Saft
- ~ 1 kleine Schalotte
- ~ 1 grüner Apfel
- ~ 150 g Doppelrahmfrischkäse
- ~ 1 TL Currypulver
- ~ Saft von 1 Limette
- ~ einige Granatapfelkerne
- ~ 1 EL Olivenöl
- ~ Salz und frisch gemahlener Pfeffer

FÜR 6 PERSONEN ~ ZUBEREITUNG: 10 MIN.

Den Thunfisch über einem Sieb abtropfen lassen. Die Schalotte schälen und in grobe Stücke schneiden. Den grünen Apfel waschen, vom Kerngehäuse befreien und in Stücke schneiden.

Thunfisch und Frischkäse in die Rührschüssel des Küchenmixers geben. Schalotte, Apfel, Curry und Limettensaft zufügen. Mit Salz und frisch gemahlenem Pfeffer würzen. Dann alle Zutaten pürieren und das Olivenöl dabei langsam zugießen. Mixen, bis die Mischung die gewünschte Konsistenz hat.

Die Creme in eine Schüssel füllen, Granatapfelkerne zufügen und vorsichtig unterheben. Anschließend servieren.

Serviervorschlag: Probieren Sie die Creme zu gerösteten Brotscheiben, Grissini-Brotstangen oder zur Abwechslung auch einmal mit frittierten Tortillas. Dazu die Tortilla-Fladen mit einer Schere in Dreiecke schneiden und einige Sekunden in einer Pfanne mit Öl anbraten. Einfach köstlich!

Aufgepasst: Die Thunfischcreme hält sich im Kühlschrank 2–3 Tage.

Lachscreme mit Koriander

- ~ 2 EL Olivenöl
- ~ 200 g Lachsfilet
- ~ 1 Bund Koriander
- ~ 200 g Räucherlachs
- ~ Saft von 2 Limetten
- ~ 150 g Crème fraîche
- ~ 1 EL Kapern
- ~ Salz und frisch gemahlener Pfeffer

FÜR 6 PERSONEN ~ ZUBEREITUNG: 10 MIN. ~ GARZEIT: 5 MIN.

Das Olivenöl in einer Pfanne erhitzen und den Lachs von jeder Seite 2 Minuten darin anbraten. Falls nötig, die Haut abziehen. Das Lachsfleisch in die Rührschüssel des Küchenmixers geben.

Den Koriander waschen und grob hacken. Den Räucherlachs in Streifen schneiden, zu den Zutaten in die Rührschüssel geben und Limettensaft, Crème fraîche, Kapern und Koriander zufügen. Mit Salz und frisch gemahlenem Pfeffer würzen und pürieren, bis die Mischung die gewünschte Konsistenz hat.

Crostini-Variationen

~ 18 Scheiben Brot (Baguette oder Bauernbrot)

Crostini mit gegrilltem Gemüse und Parmesan

~ 1 Knoblauchzehe
~ 1 Tomate
~ 1 EL Olivenöl
~ 180 g eingelegte Paprika oder Auberginen (siehe S. 30)
~ 6 Parmesanspäne
~ Salz und frisch gemahlener Pfeffer

Crostini mit Tomaten-Pesto und Serrano-Schinken

~ 6 TL rotes Pesto (siehe S. 6)
~ 6 Basilikumblätter
~ 3 sehr fein geschnittene Scheiben Serrano-Schinken

Crostini mit Guacamole, Garnelentatar und geräucherter Forelle

~ 1 Avocado
~ Saft von 1 Limette
~ 1 Prise Chili
~ 40 g gekochte und geschälte Garnelen
~ 1 EL Olivenöl
~ 2 Scheiben geräucherte Forelle
~ Salz und frisch gemahlener Pfeffer

FÜR 18 CROSTINI ~ ZUBEREITUNG: 25 MIN.

Die Brotscheiben leicht rösten oder toasten.

Die Crostini mit gegrilltem Gemüse und Parmesan zubereiten. Den Knoblauch schälen und 6 Brotscheiben damit einreiben. Die Tomate waschen und in zwei Hälften schneiden. Die Tomatenhälften auf den Brotscheiben zerreiben, dann mit etwas Olivenöl beträufeln. Jede Crostini-Scheibe mit eingelegter Paprika und/oder Aubergine belegen und darauf einen Parmesanspan legen. Mit Salz und frisch gemahlenem Pfeffer würzen.

Nun die Crostini mit Tomaten-Pesto und Serrano-Schinken zubereiten. 6 Brotscheiben mit rotem Pesto bestreichen, mit je 1 Blatt Basilikum und ½ Scheibe Schinken belegen.

Dann die Crostini mit Guacamole, Garnelentatar und geräucherter Forelle zubereiten. Die Avocado schälen, den Kern entfernen und das Avocadofleisch in große Würfel schneiden. In eine Schüssel geben und mit einer Gabel zerdrücken. Die Hälfte des Limettensafts über die Avocado träufeln und mit Chili bestäuben. Mit Salz und Pfeffer würzen. Die Garnelen in kleine Stücke schneiden, in eine Schüssel geben und mit dem restlichen Limettensaft und Olivenöl vermengen. Die Forellenscheiben in 6 Streifen schneiden.
6 Brotscheiben mit ein wenig Guacamole bestreichen, mit einem Streifen Forelle belegen und etwas Garnelentatar daraufgeben. Mit Salz und frisch gemahlenem Pfeffer würzen.

Wenn Sie keine Muffin-Backform besitzen, geben Sie die Füllung jeweils in die Mitte der quadratischen Teigstücke. Dann die Teigenden nach oben biegen, um ein kleines Körbchen zu formen. Mit Küchengarn oder Holzstäbchen fixieren und kurz vor dem Servieren wieder entfernen.

Knuspertörtchen mit Ziegenkäse und Honig

- ~ 1 Packung Filo-Teigblätter
- ~ 30 g Butter
- ~ 200 g Ziegenfrischkäse
- ~ 2 EL flüssiger Honig
- ~ 1 EL Olivenöl
- ~ 2 EL Pinienkerne
- ~ 4 getrocknete Aprikosen
- ~ 2 Zweige Minze
- ~ 1 TL Currypulver
- ~ 1 EL Pesto
- ~ Salz und frisch gemahlener Pfeffer

ERGIBT 20-25 KNUSPERTÖRTCHEN ~ ZUBEREITUNG: 50 MIN. ~ BACKZEIT: 20 BIS 25 MIN.

Den Backofen auf 180 °C vorheizen.
Die Filo-Teigblätter ausbreiten und in quadratische Stücke von 10 x 10 cm Größe schneiden. Die Butter zerlassen und mit einem Pinsel auf die Filo-Teigstücke streichen. Die Teigstücke übereinanderschichten, damit sie nicht austrocknen – eventuell mit Frischhaltefolie abdecken.
Jede Vertiefung einer Muffin-Backform mit 3 geschichteten Filo-Teilstücken auslegen. Den Frischkäse in einer Schüssel mit der Gabel zerdrücken, dann Honig und Olivenöl zugeben. Mit Salz und Pfeffer würzen und alles gut vermengen. Die Mischung auf zwei Schalen verteilen.
Die Pinienkerne in einer Pfanne rösten. Die getrockneten Aprikosen in kleine Würfel schneiden. Die Minze waschen, die Blätter abzupfen und klein schneiden. In eine Schale mit Käsemischung Curry, getrocknete Aprikosen und Minze geben, in die andere Pesto und Pinienkerne. Die Zutaten in beiden Schalen jeweils gut vermengen.
Die Filo-Teigstücke mit jeweils 1 Teelöffel Käsemischung belegen und 10–12 Minuten im vorgeheizten Ofen backen.
Dann die erste Portion gefüllter Knuspertörtchen aus dem Ofen holen. Lauwarm abkühlen lassen. Mit den verbleibenden Filo-Teigstücken genau so verfahren, bis alle Knuspertörtchen gebacken sind.

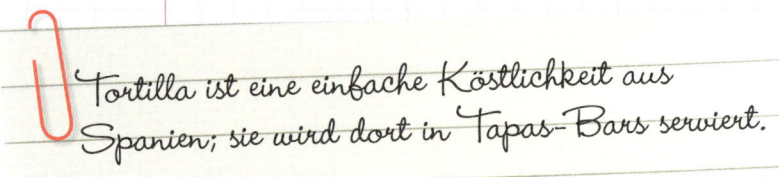

Tortilla ist eine einfache Köstlichkeit aus Spanien; sie wird dort in Tapas-Bars serviert.

Tortilla mit gerösteter Paprika

- 800 g Kartoffeln
- 2 Zwiebeln
- 150 g eingelegte, geröstete Paprika im Glas (Piquillo) oder 1 frische rote Paprika
- 1 EL Olivenöl
- 8 Eier
- Salz und frisch gemahlener Pfeffer

FÜR 6 PERSONEN ~ ZUBEREITUNG: 20 MIN. ~ GARZEIT: 30 MIN.

Die Kartoffeln schälen, waschen und in dünne Scheiben schneiden. Die Zwiebeln schälen und klein schneiden. Die eingelegten Paprikastücke abtropfen lassen und in Streifen schneiden. Das Olivenöl in einer beschichteten Pfanne erhitzen und die Kartoffelscheiben darin auf relativ hoher Stufe garen. Regelmäßig wenden, bis die Kartoffeln leicht gebräunt sind. Zwiebeln und Paprika zufügen. Umrühren und 8–10 Minuten garen lassen. Die Eier in einer tiefen Schüssel mit einem Schneebesen verquirlen. Mit reichlich Salz und Pfeffer würzen.

Mit einem Schaumlöffel oder Pfannenwender die Kartoffelmischung aus der Pfanne heben und in die Schüssel zu den Eiern geben. Gut vermengen. Die Pfanne mit ein wenig Öl vom Braten der Kartoffelmischung wieder auf den Herd stellen. Die Eier-Kartoffel-Mischung in die Pfanne gießen. Auf kleiner Stufe etwa 10 Minuten garen, die Pfanne dabei mit dem Deckel abdecken. Wenn die Oberfläche zu stocken beginnt (die Tortilla sollte nicht flüssig sein), die Tortilla mit Hilfe eines flachen Tellers wenden und 5 Minuten weitergaren, bis sie goldbraun ist. Heiß oder kalt servieren.
Küchentipp: Eine Tortilla darf niemals in der Pfanne umgerührt werden, wenn sie gelingen soll!

Tortilla mit dreierlei Paprika

- 800 g Kartoffeln
- 2 Zwiebeln
- 2 rote Paprika
- 1 gelbe Paprika
- 1 grüne Paprika
- 50 g Chorizo-Wurst oder eine pikante Salami
- 2 EL Olivenöl
- 8 Eier
- Salz und frisch gemahlener Pfeffer

FÜR 6 PERSONEN ~ ZUBEREITUNG: 25 MIN. ~ GARZEIT: 35 MIN.

Die Kartoffeln schälen, waschen und in dünne Scheiben schneiden. Die Zwiebeln schälen und sehr klein schneiden. Die Paprika waschen und in Streifen schneiden. Die Chorizo in feine Scheiben schneiden. Das Olivenöl in einer Pfanne erhitzen und die Kartoffelscheiben darin garen, bis sie ganz leicht gebräunt sind. Zwiebeln und Paprika zufügen und alles 3 Minuten dünsten. Die Chorizo-Scheiben hineingeben und weitere 5 Minuten dünsten.

Danach weiter wie im Rezept für die Tortilla mit gerösteter Paprika fortfahren.

Burrata ist ein italienischer Frischkäse, der ursprünglich aus der Region Apulien stammt. Er ähnelt dem Mozzarella, ist aber innen wesentlich sahniger.

Tomaten mit Burrata, Schinken und Basilikum

- ~ 6 Tomaten
- ~ 450 g Burrata, alternativ Mozzarella
- ~ 2 TL Basilikum-Pesto
- ~ 6 EL natives Olivenöl extra bester Qualität
- ~ Meersalz (Sel de Guérande o. Ä.) und frisch gemahlener Pfeffer
- ~ 12 fein geschnittene Scheiben Parmaschinken

FÜR 6 PERSONEN ~ ZUBEREITUNG: 10 MIN.

Die Tomaten waschen, vom Strunkansatz befreien und in relativ dicke runde Scheiben schneiden. Auch den Burrata-Käse in Scheiben schneiden. Abwechselnd Tomaten- und Burrata-Scheiben auf die Teller schichten.
In einer Schüssel Pesto und Olivenöl verrühren und über die Türmchen träufeln. Mit Salz und Pfeffer würzen.
Jede Portion mit 2 Scheiben Parmaschinken garnieren.

☀ **Variante**: Falls Sie keinen Burrata-Käse finden, ist Büffelmozzarella ein guter Ersatz.

Eine einfache Vorspeise — sommerlich frisch und leicht.

Champignon-Carpaccio mit Rucola

- ~ 450 g große Champignons
- ~ Saft von 2–3 Zitronen
- ~ 6 EL Olivenöl
- ~ 60 g Parmesan
- ~ 60 g Rucola
- ~ Salz und frisch gemahlener
  Pfeffer

FÜR 6 PERSONEN ~ ZUBEREITUNG: 15 MIN. ~ KÜHLZEIT: 1 STD.

Die Champignons abbürsten, angetrocknete Stielenden abschneiden und die Pilze in Scheiben schneiden. Die Champignonscheiben direkt auf einen Servierteller legen und mit $2/3$ des Zitronensaftes und $2/3$ des Olivenöls beträufeln. Mit Salz und Pfeffer würzen.
Den Parmesan in Späne hobeln und das Champignon-Carpaccio damit bestreuen. Mindestens 1 Stunde kalt stellen.
Dann das Carpaccio aus dem Kühlschrank nehmen. Den Rucola über die Champignons verteilen, mit dem restlichen Zitronensaft und Olivenöl beträufeln, mit frisch gemahlenem Pfeffer würzen und servieren.

Variante: Ersetzen Sie die Champignons durch 4 Zucchini. Die Zucchini sorgfältig waschen und in feine Scheiben schneiden. Danach genau wie mit den Champignons verfahren und zum Schluss mit frisch gerösteten Pistazien- und Pinienkernen bestreuen.

Dieses Rezept eignet sich hervorragend für eine große Tischrunde, denn es lässt sich einfach und schnell zubereiten.

Außerdem mögen es Kinder und Erwachsene gleich gern.

Melonensalat

~ 60 g Pinienkerne
~ 3 Zweige Minze
~ 1 kg Honigmelone
~ 300 g Wassermelone
~ 150 g Feta
~ 5 EL Olivenöl
~ Salz und frisch gemahlener Pfeffer

FÜR 6 PERSONEN ~ ZUBEREITUNG: 20 MIN.

Die Pinienkerne ohne Fett in einer beschichteten Pfanne rösten. Die Minze waschen, trocken tupfen und klein schneiden.
Die Melonen halbieren. Die Kerne aus der Melone und der Wassermelone entfernen. Das Fruchtfleisch würfeln oder mit einem Melonenausstecher schöne runde Kugeln auslösen. Das Fruchtfleisch in eine Salatschüssel füllen.
Den Feta zerbröseln und in die Salatschüssel geben. Dann geröstete Pinienkerne und Minze zufügen. Alles mit Olivenöl beträufeln, mit Salz und Pfeffer würzen und vorsichtig vermengen. Den Salat bis zum Servieren kalt stellen.

Variante: Sie können die Minze auch durch frischen Koriander oder Basilikum ersetzen und verschiedene Melonenarten (Honigmelone, Cantaloupe-Melone, Netzmelone ...) in diesem Salat kombinieren.

Dieser herzhaft-süßliche Salat muss schön gekühlt serviert werden. Falls Sie lieber frische Minze mögen, können Sie den Koriander durch Minze ersetzen.

Salat von Mango, Avocado und Gurken

- ~ 3 Avocados
- ~ Saft von 2 Limetten
- ~ 1 Gurke
- ~ 1½ Mangos
- ~ 6 Stängel Koriander
- ~ 3 EL Olivenöl
- ~ 1½ EL Walnussöl
- ~ 1 Vanilleschote
- ~ Salz und frisch gemahlener Pfeffer

FÜR 6 PERSONEN ~ ZUBEREITUNG: 20 MIN.

Die Avocados schälen, die Kerne entfernen und das Fleisch in kleine Würfel schneiden.
Die Avocados in eine Schüssel geben und mit dem Limettensaft begießen. Die Gurke schälen, längs halbieren, die Kerne entfernen und die Gurke klein würfeln. Die Mangos schälen, den Kern herausschneiden und das Fruchtfleisch klein würfeln. Den Koriander waschen, trocken tupfen und klein schneiden. Dann alle Zutaten in der Schüssel vermengen.
In einer kleinen Schale Olivenöl und Walnussöl vermischen. Die Vanille-schote der Länge nach aufschneiden, das Mark herauskratzen und zur Öl-mischung geben. Sorgfältig verrühren, über den Salat gießen und vorsichtig vermengen. Mit Salz und Pfeffer würzen. Bis bis zum Servieren kühl stellen.

🔆 **Tipp:** Sie können auch tiefgefrorene Mango anstelle der frischen verwenden.

Dieser Salat ist eine wunderbare Vorspeise, doch man kann ihn auch gut zu gegrilltem Fleisch und Fisch servieren. Sollte Ihnen der Zitronensaft zu sauer sein, können Sie auch 2 Esslöffel Zitronensaft durch Orangensaft ersetzen.

Orientalischer Salat

- ~ 1 TL grobes Salz
- ~ 150 g Bulgur oder Hartweizengrieß
- ~ 2 Bund glatte Petersilie
- ~ 1½ Bund Minze
- ~ 1 Bund Koriander
- ~ 2 Tomaten
- ~ ½ rote Zwiebel
- ~ 3 EL Zitronensaft
- ~ 4 EL Olivenöl
- ~ Salz und frisch gemahlener Pfeffer

FÜR 6 PERSONEN ~ ZUBEREITUNG: 20 MIN. ~ GARZEIT: 5 MIN.

Wasser in einem Topf zum Kochen bringen. Das Salz hineingeben, den Bulgur zufügen und etwa 5 Minuten kochen lassen – die Körner müssen noch fest sein. Den Bulgur kalt abspülen und in einem Sieb abtropfen lassen.

Die Kräuter waschen, trocken tupfen und mit einem großen Messer fein hacken – nicht in der Küchenmaschine oder dem Mixer zerkleinern. Die Tomaten waschen und in kleine Würfel schneiden. Die Zwiebel schälen und in feine Würfel schneiden.

Alle Kräuter, gewürfelte Tomaten, gehackte Zwiebel und Bulgur in einer großen Schüssel vermengen. Mit Zitronensaft und Olivenöl begießen und mit Salz und Pfeffer würzen. Sorgfältig vermengen und bis zum Servieren kalt stellen.

Küchentipp: Dieser Salat schmeckt noch aromatischer, wenn Sie ihn 2–3 Stunden vorab zubereiten. Die Kräuter können dann alle Aromen besser aufnehmen. Schmecken Sie den Salat vor dem Servieren noch einmal ab und würzen Sie nach oder geben Sie mehr Zitronensaft oder Olivenöl zu, wenn nötig.

Diesen Salat können Sie ohne Bedenken am Vortag machen. Er lässt sich sehr gut aufbewahren und auch mit Bulgur anstelle von Quinoa zubereiten.

Quinoa-Salat

- ~ 350 g Quinoa
- ~ 1 TL grobes Salz
- ~ 1 rote Zwiebel
- ~ 1½ säuerliche Äpfel
  (Granny Smith o. Ä.)
- ~ 1½ Zucchini
- ~ 1 kleines Bund Radieschen
- ~ 40 g Haselnusskerne
- ~ 60 g Cranberrys
- ~ Salz und frisch gemahlener
  Pfeffer

Für die Vinaigrette
- ~ Saft von 1½ Zitronen
- ~ Saft von 1 Orange
- ~ 6 EL Olivenöl
- ~ 1 TL Currypulver
- ~ ½ TL gemahlener Zimt

FÜR 6 PERSONEN ~ ZUBEREITUNG: 30 MIN. ~ GARZEIT: 10 MIN. ~
KÜHLZEIT: 1 STD.

Quinoa abspülen, abtropfen lassen und in einem Topf mit der doppelten
Menge Wasser aufsetzen. Das Salz zufügen. Zum Kochen bringen und
etwa 10 Minuten auf kleiner Stufe köcheln. Abgießen und abkühlen lassen.
Die Zwiebel schälen und klein schneiden. Äpfel und Zucchini waschen
und in kleine Würfel schneiden, ohne sie jedoch zu schälen. Strunk- und
Wurzelenden von den Radieschen abschneiden. Dann die Radieschen
waschen und in Scheiben schneiden. Die Haselnüsse 1–2 Minuten in
einer beschichteten Pfanne rösten und dann im Mörser zerstoßen.
Die abgetropfte Quinoa in eine Salatschüssel geben. Gehackte Zwiebel,
gewürfelte Äpfel und Zucchini, Radieschenscheiben, zerstoßene Haselnüsse und Cranberrys zugeben und alles gut verrühren.
Für die Vinaigrette Zitronensaft, Orangensaft, Olivenöl, Curry und Zimt in
einer Schüssel verrühren. Die Vinaigrette über den Quinoa-Salat gießen
und nach Belieben mit Salz und Pfeffer würzen. Den Salat mindestens
1 Stunde kalt stellen.
Vor dem Servieren noch einmal abschmecken und nachwürzen, falls nötig.

💡 **Variante:** Statt Zucchini können Sie auch Gurke
für diesen Salat nehmen und die Haselnüsse durch
Mandelblättchen oder geröstete Pistazienkerne ersetzen.

Orecchiette haben die Form von „kleinen Öhrchen", deshalb hat man sie im Italienischen so benannt. Dieses Rezept ist als kalter Pastasalat gedacht, Sie können daraus aber auch ein warmes Gericht machen, wenn Sie das Gemüse unter die heißen, abgetropften Nudeln mengen.

Salat von Orecchiette und Grillgemüse

- 2 rote Paprika
- 2 gelbe Paprika
- 2 Zucchini
- 2 Auberginen
- 80 ml Olivenöl, plus etwas mehr für das Gemüse
- 2½ EL Pesto
- 400 g Orecchiette-Nudeln
- 3 EL geröstete Pinienkerne
- 250 g Cocktailtomaten
- Salz und frisch gemahlener Pfeffer

FÜR 6 PERSONEN ~ ZUBEREITUNG: 40 MIN. ~ GARZEIT: 1 STD.

Den Backofengrill auf 200 °C vorheizen.

Das Gemüse gut waschen. Die Paprika unter den Backofengrill legen und 20 Minuten grillen, zwischendurch mehrfach wenden.

Aus dem Backofen nehmen, in einen Plastikbeutel oder auf ein Stück Zeitungspapier legen und abkühlen lassen.

Zucchini und Auberginen der Länge nach in etwa 5 mm dicke Scheiben schneiden. Flach auf ein mit Backpapier ausgelegtes Backblech legen. Die Gemüsescheiben mit Olivenöl bestreichen und das Backblech auf die mittlere Schiene des Backofens schieben. 15 Minuten grillen. Die Gemüsescheiben wenden und noch 10 Minuten von der anderen Seite grillen.

Die Haut von den Paprika abziehen, Kerne und Trennwände entfernen und die Paprika in Streifen schneiden. Die gegrillten Gemüsescheiben aus dem Ofen nehmen, in Streifen schneiden und mit den Paprikastreifen auf einen tiefen Teller legen.

Pesto und Olivenöl verrühren und über die Gemüsestreifen gießen. Mit Salz und Pfeffer würzen und sorgfältig vermengen.

Wasser und Salz in einem Topf zum Kochen bringen und die Pasta 10–15 Minuten nach Packungsangabe darin kochen. Abgießen, kurz unter fließendem Wasser abspülen und abkühlen lassen.

Die Pinienkerne in einer beschichteten Pfanne ohne Öl rösten. Die Cocktailtomaten halbieren. Die Orecchiette in eine Salatschüssel geben und mariniertes Gemüse, Cocktailtomaten und Pinienkerne zufügen. Vorsichtig vermengen und servieren.

Der zurzeit noch relativ wenig bekannte chinesische rote Rettich ist eine Art großes Radieschen. Von außen weiß bis grünlich, ist er von innen leuchtend rot bis pinkfarben. Er schmeckt sehr mild und leicht süßlich. In Frankreich wird er auf den meisten Wochenmärkten angeboten, im deutschsprachigen Raum ist er eher in Asia-Läden erhältlich.

Kalte Gurkencremesuppe mit rotem Rettich

- 3 Zweige Minze
- 1 kg Gurken
- 300 g Sahne
- 200 g Doppelrahmfrischkäse
- 1 roter Rettich oder
  12 Radieschen
- Salz und frisch gemahlener
  Pfeffer

FÜR 6 PERSONEN ~ ZUBEREITUNG: 15 MIN.

Die Minze waschen, trocken tupfen und die Blätter zerzupfen. Die Gurken schälen und der Länge nach halbieren. Mit einem kleinen Löffel die Kerne entfernen und das Gurkenfleisch in grobe Stücke schneiden. In die Schüssel des Mixers geben, Sahne, Frischkäse und Minze zufügen. Einige Sekunden mit dem Stabmixer oder in der Küchenmaschine pürieren, mit Salz und Pfeffer würzen und kalt stellen.
Den Rettich schälen und würfeln. Die kalte Gurkencremesuppe mit Rettichwürfeln garniert servieren.

💡 **Variante:** Sie können den Rettich oder die Radieschen auch durch Forellenkaviar oder kleine Streifen Räucherlachs ersetzen.

Dies ist eine Abwandlung der bekannten spanischen Gazpacho-Suppe. Sie werden überrascht sein, wie süßlich mild sie ist und doch leicht säuerlich. Es gibt keinen Grund, sich bei ihrem Genuss zurückzuhalten!

Gazpacho mit Tomate und Melone

- ~ 6 große Ochsenherztomaten (oder Fleischtomaten)
- ~ 700 g Melone
- ~ ½ Bund Koriander
- ~ 450 ml Tomatensaft
- ~ 3 Scheiben Toastbrot ohne Kruste
- ~ Saft von 1 Zitrone
- ~ 1½ EL Sherryessig
- ~ 3 EL Olivenöl

Zum Garnieren
- ~ 30 g Pinienkerne
- ~ einige kleine Mozzarella-Kugeln

FÜR 6 PERSONEN ~ ZUBEREITUNG: 25 MIN.

Den Strunk von den Tomaten entfernen und die Haut oben und unten einritzen. Die Tomaten 1 Minute in kochendes Wasser tauchen, herausnehmen und unter fließend kaltem Wasser abschrecken. Die Haut abziehen, die Tomaten in je sechs Stücke schneiden und die Kerne entfernen. Die Melone schälen, die Kerne entfernen und das Melonenfleisch würfeln. Tomaten und Melone in die Mixschüssel geben und pürieren.

Den Koriander waschen, trocken tupfen und die Blätter zerzupfen. Den Tomatensaft in eine kleine Schüssel gießen. Das Toastbrot in grobe Stücke brechen, in den Tomatensaft tauchen und einige Sekunden einweichen lassen. Tomatensaft mit Toastbrot in die Schüssel des Mixers geben, Zitronensaft und Sherryessig darübergießen und den Koriander zufügen. Mit Salz und Pfeffer würzen und erneut pürieren.

Die Gazpacho in eine Salatschüssel gießen, das Olivenöl zufügen und umrühren. Bis zum Verzehr kalt stellen.

Die Pinienkerne in einer beschichteten Pfanne ohne Öl rösten. Die kalte Gazpacho mit Mozzarella-Kugeln und Pinienkernen garniert servieren.

~ ☼ **Serviervorschlag**: Als Beilage passen dazu kleine Spieße mit Melone und Serrano-Schinken.

Diese cremige Suppe kann man sowohl kalt als auch warm genießen. Sie lässt sich mit tiefgefrorenen Erbsen ebenso gut zubereiten wie mit frischen.

Kokos-Erbsencreme-Suppe mit knusprigem Ziegenkäsebrot

- ~ 1 große Zwiebel
- ~ 30 g Butter
- ~ 900 g ausgelöste Erbsen
- ~ 1 TL grobes Salz
- ~ 300 ml Kokosmilch
- ~ Salz und frisch gemahlener Pfeffer

Für die Brote

- ~ 6 Scheiben Brot
- ~ 150 g Ziegenfrischkäse
- ~ 1 EL Anissamen

FÜR 6 PERSONEN ~ ZUBEREITUNG: 15 MIN. ~ GARZEIT: 25 BIS 30 MIN.

Die Zwiebel schälen und fein hacken. Die Butter in einem kleinen Topf zerlassen und die Zwiebel darin dünsten, bis sie glasig ist und beginnt, Farbe anzunehmen. Die Erbsen zufügen, umrühren und 2 Minuten dünsten. Mit Wasser aufgießen, bis die Erbsen bedeckt sind, das Salz einstreuen und das Ganze 15–20 Minuten auf kleiner Stufe kochen. Leicht abkühlen lassen und anschließend die Erbsen mit ein wenig Kochwasser in die Schüssel des Mixers geben. Ganz fein pürieren. Die Kokosmilch zugießen und erneut pürieren. Je nach gewünschter Konsistenz etwas mehr Kochwasser zugießen. Mit Pfeffer würzen und abschmecken, falls nötig, noch etwas Salz zugeben.
Nun die knusprigen Brote zubereiten. Die Brotscheiben leicht rösten oder toasten. Mit Frischkäse bestreichen und mit Anissamen bestreuen. Mit Salz und Pfeffer würzen.
Die knusprigen Frischkäsebrote zur Kokos-Erbsencreme-Suppe reichen.

Herzhafter Kuchen mit Paprika, Ananas und Feta

- ~ 20 g Pinienkerne
- ~ 1 rote Paprika
- ~ 7 EL Olivenöl
- ~ 100 g Ananasscheiben aus der Dose
- ~ 100 g Feta
- ~ 15 Minzeblätter
- ~ 15 Basilikumblätter
- ~ 150 ml Vollmilch
- ~ 3 Eier
- ~ 160 g Mehl
- ~ ½ Päckchen Backpulver
- ~ 80 g Emmentaler, gerieben
- ~ Butter, zum Einfetten der Backform
- ~ Salz und frisch gemahlener Pfeffer

FÜR 6 PERSONEN ~ ZUBEREITUNG: 30 MIN. ~ GARZEIT: 50 MIN.

Den Backofen auf 180 °C vorheizen.
Die Pinienkerne in einer beschichteten Pfanne ohne Fett rösten. Die Paprika waschen, Strunk und Kerne entfernen und die Paprika würfeln. Die gerösteten Pinienkerne aus der Pfanne nehmen. 2 Esslöffel Olivenöl in der Pfanne erhitzen und die gewürfelte Paprika darin 5 Minuten braten. Die Ananasscheiben abtropfen lassen und auf Küchenpapier legen. Dann in kleine Dreiecke oder Würfel schneiden. Den Feta grob zerdrücken. Die Basilikum- und Minzeblätter waschen, trocken tupfen und zerzupfen. Die Milch in einem kleinen Topf lauwarm erhitzen. In einer Schüssel Eier, Mehl und Backpulver mit dem Schneebesen verrühren, dann die Milch langsam einarbeiten, bis der Teig keine Klumpen mehr aufweist. Das restliche Olivenöl und den Emmentaler zufügen. Mit Salz und Pfeffer würzen und erneut vermengen. Paprika, Ananas, Feta, Kräuter und Pinienkerne vorsichtig unterheben.
Eine Kastenbackform mit Butter einfetten, den Teig einfüllen und 45 Minuten im vorgeheizten Backofen backen.

Küchentipp: Diesen herzhaften Kuchen können Sie prima am Vortag zubereiten; er lässt sich kalt gestellt gut aufbewahren.

Herzhafter Kuchen mit Zucchini, eingelegten Tomaten und Haselnüssen

- ~ 50 g gehackte Haselnusskerne
- ~ 1 Zucchini
- ~ 7 EL Olivenöl
- ~ 100 g eingelegte sonnengetrocknete Tomaten
- ~ 125 g Mozzarella
- ~ 1 Bund Basilikum
- ~ 150 ml Vollmilch
- ~ 3 Eier
- ~ 160 g Mehl
- ~ ½ Päckchen Backpulver
- ~ 80 g geriebener Emmentaler
- ~ Butter, zum Einfetten der Backform
- ~ Salz und frisch gemahlener Pfeffer

FÜR 6 PERSONEN ~ ZUBEREITUNG: 25 MIN. ~ GARZEIT: 50 MIN.

Den Backofen auf 180 °C vorheizen.
Die Haselnüsse in einer beschichteten Pfanne ohne Fett rösten. Die Zucchini waschen und teilweise schälen; anschließend würfeln. Die gerösteten Haselnusskerne aus der Pfanne nehmen. 2 Esslöffel Olivenöl in der Pfanne erhitzen und die Zucchiniwürfel 5 Minuten darin dünsten. Die Tomaten abtropfen lassen, dann in kleine Würfel schneiden. Den Mozzarella würfeln. Das Basilikum waschen und die Blätter zerzupfen. Die Milch in einem kleinen Topf lauwarm erhitzen. In einer Schüssel Eier, Mehl und Backpulver mit dem Schneebesen verrühren, dann die Milch langsam einarbeiten, bis der Teig keine Klumpen mehr aufweist. Das restliche Olivenöl und den Emmentaler zufügen. Mit Salz und Pfeffer würzen und erneut vermengen. Zucchini, Mozzarella, Basilikum und Haselnüsse zufügen und unterheben. Eine Kastenbackform mit Butter einfetten, den Teig einfüllen und 45 Minuten im vorgeheizten Backofen backen.

Diese herzhafte Version des sonst süßen französischen Kirschdesserts Clafoutis ist eine gelungene Vorspeise. Der Eierkuchen kann gut im Vorhinein zubereitet und vor dem Servieren langsam warm gemacht werden.

Auflauf mit Cocktailtomaten und Spargel

- ~ 6 Eier
- ~ 300 ml Milch
- ~ 300 g Sahne
- ~ 45 g Speisestärke
- ~ 3 EL Pesto
- ~ 60 g Pinienkerne
- ~ 450 g Cocktailtomaten
- ~ 8 Stangen grüner Spargel
- ~ 125 g Mozzarella
- ~ Butter, zum Einfetten der Form
- ~ Salz und frisch gemahlener Pfeffer

FÜR 6 PERSONEN ~ ZUBEREITUNG: 25 MIN. ~ GARZEIT: 25 BIS 30 MIN.

Den Backofen auf 180 °C vorheizen.

Eier, Milch, Sahne, Speisestärke und Pesto in einer Schüssel mit dem Schneebesen verrühren. Mit Salz und Pfeffer würzen.

Die Pinienkerne in einer beschichteten Pfanne ohne Fett rösten. Cocktailtomaten und Spargelstangen waschen. Die Tomaten halbieren. Den harten Teil der unteren Spargelstangen abschneiden. Den verbleibenden zarten Teil des Spargels mit dem Sparschäler der Länge nach in Streifen schneiden. Den Mozzarella in Stücke schneiden.

Eine Auflaufform mit Butter einfetten und Tomaten, Spargelstreifen, Mozzarella und die Hälfte der Pinienkerne hineinlegen. Die Eiermischung darübergießen und mit den restlichen Pinienkernen bestreuen. Mit frisch gemahlenem Pfeffer würzen und 25–30 Minuten im vorgeheizten Backofen garen.

-ᗅ- **Variante:** Dieses Rezept schmeckt ebenso gut mit Zucchini, Feta, Champignons, Schinken oder Thunfisch.

Dieser aus Nizza stammende Zwiebelkuchen erinnert an Pizza. Am Besten verzehrt man ihn warm, wenn er frisch aus dem Ofen kommt, denn dann ist der Teig besonders knusprig.

Provenzalischer Zwiebelkuchen

- ~ 1½ kg Zwiebeln
- ~ 6 EL Olivenöl, plus etwas mehr
- ~ 2 TL Puderzucker
- ~ 400 g fertiger Weißbrotteig, alternativ Pizzateig
- ~ 15 Sardellenfilets in Salz oder in Öl
- ~ 20 schwarze Oliven
- ~ 1 TL Kräuter der Provence
- ~ Salz und frisch gemahlener Pfeffer

FÜR 6 PERSONEN ~ ZUBEREITUNG: 30 MIN. ~ GARZEIT: 50 MIN.

Den Backofen auf 200 °C vorheizen.

Die Zwiebeln schälen und fein hacken. 4 Esslöffel Öl in einer beschichteten Pfanne erhitzen und die Zwiebeln darin 30 Minuten auf kleiner Stufe glasig dünsten (sie dürfen keine Farbe annehmen), dabei regelmäßig umrühren. Mit Puderzucker bestäuben, mit Pfeffer und etwas Salz würzen. Die Arbeitsfläche mit Mehl bestäuben. Den Brotteig mit einer Teigrolle ausrollen und auf ein mit Backpapier ausgelegtes Backblech legen. Die Zwiebeln sorgfältig über den Teig verteilen, Sardellen und Oliven darauf anrichten und alles mit Kräutern der Provence bestreuen. Mit etwas Olivenöl beträufeln. 15–20 Minuten im vorgeheizten Backofen garen.

> 🔆 **Küchentipp**: Wenn Sie den Brotteig selbst zubereiten möchten, vermengen Sie 300 g Mehl mit 300 ml lauwarmem Wasser, 12 g Hefe, 200 ml Olivenöl und 2 Prisen Salz. Dann ausgiebig kneten, bis der Teig gleichmäßig glatt ist und nicht klebt. In Frischhaltefolie einwickeln und 1 Stunde in den Kühlschrank legen.

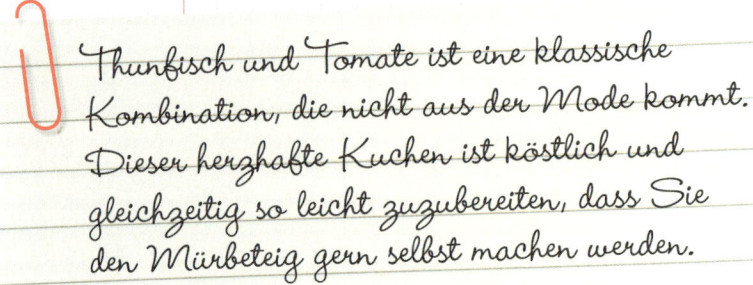

Thunfisch und Tomate ist eine klassische Kombination, die nicht aus der Mode kommt. Dieser herzhafte Kuchen ist köstlich und gleichzeitig so leicht zuzubereiten, dass Sie den Mürbeteig gern selbst machen werden.

Thunfisch-Tomaten-Tarte

- ~ 400 g Thunfisch aus der Dose
- ~ 2 Tomaten
- ~ 2 EL körniger Senf
- ~ 2 Stängel Basilikum
- ~ 4 Eier
- ~ 200 g Sahne
- ~ 100 ml Vollmilch
- ~ 30 g geriebener Emmentaler
- ~ Salz und frisch gemahlener Pfeffer

Für den Mürbeteig
- ~ 250 g Mehl
- ~ 2 Prisen Salz
- ~ 1 EL getrockneter Thymian
- ~ 100 g Butter
- ~ 2½ EL Olivenöl
- ~ 1 Eigelb

FÜR 6 PERSONEN ~ ZUBEREITUNG: 25 MIN. ~ RUHEZEIT: 1 STD. ~ BACKZEIT: 40 MIN.

Zunächst den Teig vorbereiten. Mehl, Salz und Thymian in einer Schüssel vermengen. Eine Mulde in die Mitte drücken, klein geschnittene Butter hineingeben und Olivenöl und Eigelb zufügen. Alles mit den Fingerspitzen vermengen. Dann 2 Esslöffel Wasser zufügen und den Teig kneten, bis er glatt ist. Falls der Teig zu fest erscheint, noch etwas Wasser einarbeiten; wenn er zu sehr klebt, ein wenig Mehl einarbeiten.Den Teig zu einer Kugel rollen, in Frischhaltefolie einwickeln und etwa 1 Stunde in den Kühlschrank legen.
Den Backofen auf 180 °C vorheizen.
Den Thunfisch in einem Sieb abtropfen lassen und zerdrücken. Die Tomaten waschen und in Scheiben schneiden.
Die Arbeitsfläche mit Mehl bestäuben, den Mürbeteig mit einer Teigrolle ausrollen und eine Auflauf- oder Tarte-Backform damit auslegen.
Den Teigboden mit Senf bestreichen, dann die Thunfischstückchen darauf verteilen und mit Tomatenscheiben belegen.
Das Basilikum waschen, trocken tupfen und die Blätter zerzupfen. Die Eier in einer Schüssel verquirlen, dann Sahne, Milch, Emmentaler und Basilikum zugeben. Mit Salz und Pfeffer würzen und alles mit einer Gabel verrühren. Die Mischung auf den belegten Teigboden gießen und gleichmäßig verteilen. Die Thunfisch-Tomaten-Tarte 40 Minuten auf der unteren Schiene des vorgeheizten Ofens backen.

Schafmilchkäse passt hervorragend zu diesem Rezept, denn er hebt den Geschmack der Gemüsesorten hervor.

Gestürzte Auberginen-Paprika-Tarte

- ~ 1 rote Paprika
- ~ 2 Auberginen
- ~ 600 ml Olivenöl, plus etwas mehr für die Backform
- ~ 50 g Pinienkerne
- ~ 1 EL Zucker
- ~ 2–3 Zweige Thymian, Blätter abgezupft
- ~ 70 g Schafmilch-Schnittkäse
- ~ 1 fertiger Blätterteig
- ~ Salz und frisch gemahlener Pfeffer

FÜR 6 PERSONEN ~ ZUBEREITUNG: 40 MIN. ~ GARZEIT: 45 MIN.

Den Backofen auf 180 °C vorheizen.

Die Paprika waschen und unter dem Backofengrill etwa 20 Minuten rösten, dabei von Zeit zu Zeit wenden.

Die Auberginen waschen und in etwa 1 cm dicke Scheiben schneiden. $2/3$ des Olivenöls in einer Pfanne erhitzen und $2/3$ der Auberginenscheiben darin goldbraun braten. Mit restlichem Olivenöl und Auberginen genauso verfahren. Die gebratenen Auberginen auf Küchenpapier abtropfen lassen. Die Pinienkerne in einer beschichteten Pfanne ohne Fett rösten.

Die Paprika aus dem Backofen nehmen und abkühlen lassen. Die Haut abziehen. Den Strunk und die Kerne entfernen und die Paprika in Streifen schneiden.

Eine Springform mit Olivenöl einfetten, mit Zucker bestreuen und die Auberginenscheiben und Paprikastreifen abwechselnd leicht überlappend nebeneinander hineinlegen. Mit Salz und Pfeffer würzen und mit Pinienkernen und Thymianblättern bestreuen. Den Käse mit einem Sparschäler hobeln und über das Gemüse verteilen. Dann alles mit dem Blätterteig abdecken. Die Ränder sorgfältig zwischen dem Gemüse und dem Rand der Backform nach unten einschlagen. Den Teig mehrfach mit einer Gabel einstechen. Etwa 25 Minuten im vorgeheizten Ofen garen.

Küchentipp: Stürzen Sie die Auberginentarte erst im letzten Moment aus der Form, dann bleibt der Teig knusprig.

Seeteufel oder Lotte hat festes saftiges Fleisch und passt sehr gut zu Tomaten und Basilikum. Wenn Sie keine Plancha-Grillplatte zur Verfügung haben, können Sie ihn auch auf Spießen über Holzkohle grillen.

Seeteufel vom Grill mit Tomaten-Basilikum-Salat

- ~ 1 kg Seeteufel ohne Rückengräte
- ~ Öl für die Grillplatte
- ~ Salz und frisch gemahlener Pfeffer

Für den Tomaten-Basilikum-Salat
- ~ 3 Tomaten
- ~ 1 Bund Basilikum
- ~ ½ rote Zwiebel
- ~ 8 EL Olivenöl

FÜR 6 PERSONEN ~ ZUBEREITUNG: 15 MIN. ~ GARZEIT: 10-15 MIN.

Zunächst den Salat zubereiten. Tomaten und Basilikum waschen. Die Tomaten in kleine Würfel schneiden. Das Basilikum zerzupfen.
Die Zwiebel schälen und fein würfeln. Tomaten, Zwiebel und Basilikum in eine Salatschüssel geben und mit Olivenöl begießen. Mit Salz und Pfeffer würzen, gut vermengen und bis zum Verzehr in den Kühlschrank stellen.
Den Fisch in große Stücke schneiden. Die Plancha-Grillplatte mit Öl einfetten und auf hoher Stufe vorheizen. Die Seeteufelstücke auf der sehr heißen Platte 10–15 Minuten grillen, dabei mehrfach wenden, damit die Stücke von allen Seiten garen. Der Seeteufel muss aber hell bleiben, wenn er zu sehr gart, wird er gummiartig.
Mit Salz und Pfeffer würzen und vom Grill nehmen. Sofort mit dem Tomaten-Basilikum-Salat servieren.

💡 **Serviervorschlag:** Der Tomaten-Basilikum-Salat schmeckt auch köstlich zu Pasta.

Teriyaki-Sauce findet man unter den asiatischen Lebensmitteln im gut sortierten Supermarkt oder Asia-Laden. Notfalls kann sie durch Sojasauce ersetzt werden. Dieses Rezept kann auf der Plancha-Grillplatte oder in der Pfanne zubereitet werden.

Teriyaki-Thunfischsteaks mit Kräutern

- ~ 6 Thunfischsteaks
- ~ 1 Bund Koriander
- ~ 1 Bund Kerbel
- ~ 2 EL Sesamsaat
- ~ 1 Schuss Olivenöl, plus etwas mehr für die Grillplatte
- ~ Meersalz und frisch gemahlener Pfeffer

Für die Marinade
- ~ 5 EL Teriyaki-Sauce
- ~ 5 EL Olivenöl
- ~ Saft von 1 Limette
- ~ ½ TL gemahlener Ingwer

FÜR 6 PERSONEN ~ ZUBEREITUNG: 15 MIN. ~ MARINIEREN: 1 STD. ~ GARZEIT: 10 MIN.

Alle Zutaten für die Marinade in einem tiefen Teller verrühren. Nacheinander die Thunfischsteaks in die Marinade legen, gut darin wenden und anschließend in Frischhaltefolie wickeln. Im Kühlschrank mindestens 1 Stunde marinieren.

Die Kräuter waschen, trocken tupfen, zerzupfen und vorsichtig vermengen. Die Sesamsaat in einer beschichteten Pfanne ohne Öl rösten.

Die Thunfischsteaks aus der Marinade nehmen und abtropfen lassen. Die Plancha-Grillplatte mit Öl einfetten und gut vorheizen. Wenn keine Grillplatte zur Verfügung steht, eine beschichtete Pfanne benutzen. Die Thunfischsteaks anbraten und von jeder Seite 5 Minuten garen lassen – sie müssen innen rosa bleiben.

Den Thunfisch auf Teller verteilen. Mit gerösteter Sesamsaat und Meersalz bestreuen, mit Pfeffer würzen und mit der Kräutermischung belegen. Mit etwas Olivenöl und der restlichen Marinade begießen.

Küchentipp: Probieren Sie einmal Thunfisch mit Balsamico-Sirup aus. Dafür 200 g Puderzucker mit 100 ml Balsamico-Essig in einen kleinen Topf geben. Auf kleiner Stufe einkochen, bis ein Sirup entsteht. Langsam 100 ml Balsamico-Essig zugießen und dabei ständig rühren – aufpassen, dass es nicht spritzt! Zum Kochen bringen und wieder einkochen lassen, bis die gewünschte Konsistenz erreicht ist. Den Topf in sehr kaltes Wasser stellen und die Thunfischsteaks mit dem Sirup bestreichen.

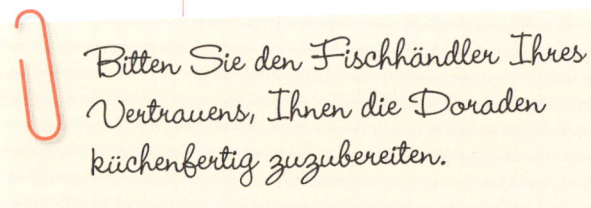

Bitten Sie den Fischhändler Ihres Vertrauens, Ihnen die Doraden küchenfertig zuzubereiten.

Backofen-Dorade mit Gemüse

- 3 Zucchini
- 1½ Bio-Zitronen
- 1 kleine Fenchelknolle
- 600 g Cocktailtomaten
- 2–3 rote Zwiebeln
- 8 Knoblauchzehen
- 2–3 Doraden (Goldbrassen), je nach Größe
- 4–6 Zweige Thymian
- 2–3 Zweige Rosmarin
- Olivenöl
- 2 EL Fenchelsamen
- Salz und frisch gemahlener Pfeffer

FÜR 6 PERSONEN ~ ZUBEREITUNG: 20 MIN. ~ GARZEIT: 20 MIN.

Den Backofen auf 180 °C vorheizen.

Zucchini, Zitronen, Fenchel und Cocktailtomaten waschen. Zucchini und Zitronen in Scheiben, die Fenchelknolle in feine Spalten schneiden. Zwiebeln und 3 Knoblauchzehen schälen und fein hacken.

Die Fische kurz unter fließend kaltem Wasser abspülen, trocken tupfen und die Bauchhöhle jeweils mit 2 Zweigen Thymian und 1 Zweig Rosmarin füllen.

Ein Backblech mit Öl einfetten, den Fisch darauflegen und das Gemüse um den Fisch anordnen, auch die ganzen Knoblauchzehen. Mit Olivenöl begießen und mit Fenchelsamen, Thymian und Rosmarin bestreuen. Mit Salz und Pfeffer würzen und etwa 20 Minuten im vorgeheizten Backofen garen.

Vor dem Servieren noch mit etwas Olivenöl beträufeln.

Küchentipp: Wenn Sie kleine Doraden zubereiten, werden diese schneller garen als das Gemüse. In dem Fall sollten Sie das Gemüse vorab etwa 10 Minuten allein im Backofen garen, dann die Doraden darauflegen und alles zusammen weiter im Ofen garen.

Variante: Dieses schnell zubereitete Rezept, das ein komplettes Hauptgericht ergibt, kann auch mit einem ganzen Seehecht, mit Wolfsbarsch oder sogar Kabeljaufilet zubereitet werden.

Die aromatischen Kräuter verleihen dem zarten Kabeljaufilet eine ganz besondere geschmackliche Note.

Kabeljaufilet mit Kräuterkruste

- ~ 3 EL Olivenöl
- ~ 6 Kabeljaufilets (à 180 g)
- ~ Salz und frisch gemahlener Pfeffer

Für die Kräuterkruste
- ~ 4 Stängel Zitronengras (Asia-Laden)
- ~ 1 Bund Basilikum
- ~ ½ Bund Minze
- ~ ½ Bund Petersilie
- ~ 1 EL abgeriebene Zitronenschale
- ~ 60 g gemahlene Mandeln
- ~ 30 g Semmelbrösel
- ~ 90 g weiche Butter

FÜR 6 PERSONEN ~ ZUBEREITUNG: 20 MIN. ~ GARZEIT: 20 MIN.

Den Backofen auf 200 °C vorheizen.

Das Olivenöl in eine Auflaufform gießen und die Kabeljaufilets darauf verteilen. Mit Salz und Pfeffer würzen.

Den harten Teil des Zitronengrases abschneiden. Den zarten Teil fein hacken. Die Kräuter waschen und gut trocken tupfen. Dann fein hacken und miteinander vermengen. Die Kräutermischung mit dem Zitronengras in eine Schüssel geben, abgeriebene Zitronenschale, gemahlene Mandeln, Semmelbrösel und Butter zufügen. Mit den Fingern vermengen, bis eine körnige Mischung entsteht. Die Kabeljaufilets damit bedecken und 20 Minuten im vorgeheizten Ofen garen.

💡 **Serviervorschlag**: Zu diesem Kabeljaufilet schmecken gekochte Salzkartoffeln ganz vorzüglich, grob mit der Gabel zerdrückt und mit etwas gutem Olivenöl und einer Prise Meersalz aromatisiert.

Dieses Fischgericht können Sie gut im Voraus zubereiten und kurz vor dem Servieren aufwärmen, ohne dass es etwas von seinem Geschmack einbüßt. Sie können das Rezept auch mit Seeteufel, Kabeljau, Seehecht oder einer Mischung verschiedener Fische zubereiten.

Lachstopf mit Herz- und Miesmuscheln

~ 500 g Herzmuscheln
~ 500 g Miesmuscheln
~ 3 Schalotten
~ 1 cm frische Ingwerwurzel
~ Öl für den Topf
~ 300 ml Weißwein
~ Saft von 1½ Zitronen
~ 1 bis 2 Fäden Safran
~ 3 EL Crème fraîche
~ 6 Lachsfilets
~ Salz und frisch gemahlener Pfeffer

FÜR 6 PERSONEN ~ ZUBEREITUNG: 40 MIN. ~ GARZEIT: 35 MIN.

Die Herzmuscheln 15 Minuten in reichlich Salzwasser legen und gründlich bürsten, bis kein Sand mehr anhaftet – falls nötig, das Wasser mehrfach abgießen und erneuern. Die Miesmuscheln waschen und bürsten.
Die Schalotten schälen und fein hacken. Den frischen Ingwer schälen und in feine Scheiben schneiden. Öl in einem Topf erhitzen und Schalotten und Ingwer darin 5 Minuten dünsten. Herzmuscheln und Miesmuscheln zufügen und weiterköcheln, bis die Muschelschalen sich öffnen. Dabei regelmäßig umrühren.
Nun die Muscheln mit einem Schaumlöffel aus dem Topf heben und in eine Schüssel füllen – der Kochsud soll im Topf verbleiben. Die Muscheln in der Schüssel abdecken, damit sie warm bleiben.
Weißwein und Zitronensaft zum Sud in den Topf geben, dann Safran und Crème fraîche einrühren und etwa 10 Minuten auf kleiner Stufe einkochen.
Die Lachsfilets in den Topf legen, mit Salz und Pfeffer würzen, abdecken und 10 Minuten auf kleiner Stufe garen.
Nun die Muscheln zufügen und weitere 5 Minuten köcheln. Heiß servieren.

Küchentipp: Sollte die Sauce allzu sehr eingekocht sein, fügen Sie etwas Wasser oder Crème fraîche hinzu. Bandnudeln, wie etwa Linguine, sind die beste Beilage zu diesem Fischgericht.

Dieses Rezept aus dem Baskenland eignet sich bestens für ein Sommeressen mit zahlreichen Gästen, denn es braucht nur wenig Vorbereitungszeit. Zu den Muscheln reichen Sie am besten selbst gemachte Pommes frites.

Muscheln vom Grill

- ~ 3 kg Miesmuscheln
- ~ 2 EL grobes Salz
- ~ 70 g Chorizo-Wurst, alternativ pikante Salami
- ~ 4 Knoblauchzehen
- ~ 6 Stängel glatte Petersilie
- ~ 4 EL Olivenöl, plus etwas mehr für die Plancha-Grillplatte
- ~ 1 Prise Chili

FÜR 6 PERSONEN ~ ZUBEREITUNG: 25 MIN. ~ GARZEIT: 10-15 MIN.

Die Muscheln gut bürsten und den Bart abziehen. Ins Spülbecken legen, mit grobem Salz bestreuen und fest gegeneinanderreiben. Eventuell geöffnete Muscheln aussortieren und wegwerfen. Die Muscheln nacheinander unter fließend kaltem Wasser abspülen.
Die Haut von der Chorizo abziehen und die Wurst in Würfelchen schneiden. Den Knoblauch schälen, die Petersilie waschen und zusammen hacken.
Die Plancha-Grillplatte mit Öl einpinseln und auf mittlerer Stufe vorheizen.
Die Muscheln auf die heiße Grillplatte geben und mit einem Pfannenwender bewegen, bis sie sich öffnen – so geben sie ihren ganzen Saft ab.
Den Grill auf hohe Stufe stellen. Die Muscheln mit Olivenöl begießen und die Chorizo darübergeben. Dabei oft wenden, die Wurststückchen dürfen nicht anbrennen.
Den Grill abschalten. Petersilien-Knoblauch-Mischung und Chili über die Muscheln streuen und vermengen. Sofort servieren – und genießen.

🔅 **Küchentipp**: Wenn Sie keine Plancha-Grillplatte zur Verfügung haben, können Sie dieses Rezept im Wok zubereiten oder in einer großen Pfanne. Sollte der Wok nicht groß genug sein, bereiten Sie das Rezept in mehreren Portionen zu. Die Muscheln brauchen ausreichend Platz, um scharf anzubraten, damit sie ihren Saft abgeben.

Dies ist noch ein Rezept aus dem Baskenland, das sowohl auf der französischen als auch auf der spanischen Seite bekannt ist. Man kann diese Tintenfische in kleinen Pfännchen zum Aperitif servieren oder mit Reis als Hauptgericht.

Tintenfisch à la Saint-Jean-de-Luz

- ~ 1½ kg Tintenfisch (vom Fischhändler gesäubert)
- ~ 4 EL Olivenöl, plus etwas mehr für die Plancha-Grillplatte
- ~ 1 rote Paprika
- ~ ½ gelbe Paprika
- ~ ½ grüne Paprika
- ~ 6 Scheiben Serrano- oder Bayonne-Schinken
- ~ 3 Knoblauchzehen
- ~ 3 Stängel glatte Petersilie
- ~ Salz und frisch gemahlener Pfeffer

FÜR 6 PERSONEN ~ ZUBEREITUNG: 30 MIN. ~ GARZEIT: 15 MIN.

Den Tintenfisch mehrfach im Wasserbad waschen, bis das Wasser klar bleibt. Mit Küchenpapier trocken tupfen und in Streifen schneiden. In eine große Schüssel geben und mit Olivenöl beträufeln.
Die Paprika waschen, Strunk und Kerne entfernen und in Streifen schneiden. Den Schinken in kleine Stücke schneiden. Den Knoblauch schälen und fein hacken. Die Petersilie waschen, trocken tupfen und fein hacken. Die Plancha-Grillplatte leicht mit Öl benetzen und vorheizen. Paprika und Schinken 1–2 Minuten auf höchster Stufe der heißen Grillplatte anbraten. Die Tintenfischstreifen zufügen, bis Bratsaft austritt. Tintenfisch und Paprika etwa 10 Minuten grillen, bis sie goldbraun sind. Dabei regelmäßig wenden, damit sie nicht an der Grillplatte anhaften.
Zum Schluss Knoblauch und Petersilie zugeben, mit Salz und Pfeffer würzen und gut vermengen. Sofort heiß servieren.

Variante: Je nach Geschmack eine in Streifen geschnittene Zwiebel oder klein geschnittene Champignons zufügen. Diese gleichzeitig mit der Paprika auf den Grill geben.
Küchentipp: Falls Sie dieses Rezept in der Pfanne oder in einem Wok zubereiten, sollten Sie den Sud, den die Tintenfische abgeben, mit einem Löffel abschöpfen, sonst können die Tintenfische nicht goldbraun anbraten.

Dieses Rezept wird Ihre Gäste begeistern. Die Aromen von Kaffir-Limette, Zitronengras und Ingwer verschmelzen sanft mit milder Kokosmilch.

Garnelen in Kokosmilch

- 2 Knoblauchzehen
- ½ Zwiebel
- 1 Kaffir-Limette (Asia-Laden)
- 3 Stängel Zitronengras (Asia-Laden)
- 2 cm frischer Ingwer
- 1 EL Olivenöl
- 1 TL Koriandersamen
- 2 TL Erdnussbutter
- 1 l Kokosmilch
- 1 kg rohe Garnelen
- einige Blätter frischer Koriander
- Salz und frisch gemahlener Pfeffer

FÜR 6 PERSONEN ~ ZUBEREITUNG: 25 MIN. ~ GARZEIT: 20 MIN.

Knoblauch und Zwiebel schälen und fein hacken. Die Kaffir-Limette waschen, trocken tupfen und die Schale abreiben. Den harten Teil des Zitronengrases abschneiden, dann die Stängel der Länge nach halbieren und in 3–4 cm lange Stücke schneiden. Den Ingwer schälen und reiben. Das Öl in einem Topf erhitzen und Knoblauch, Zwiebel, Kaffir-Limette, Zitronengras, Ingwer und Koriandersamen hineingeben. Alles auf hoher Stufe 2 Minuten garen.

Die Hitzezufuhr verringern und die Erdnussbutter zufügen. Langsam die Kokosmilch zugießen und dabei stetig umrühren. Dann langsam zum Kochen bringen. Auf mittlerer Stufe etwa 15 Minuten köcheln lassen. Die Garnelen auslösen, ohne jedoch den Schwanzfächer zu entfernen. Die Garnelen in die Kokosmilch-Mischung geben und 5 Minuten auf mittlerer Stufe mitkochen. Die Garnelen sollen zart bleiben. Die Zitronengrasstücke herausnehmen und alles mit Korianderblättern bestreuen.

Küchentipp: Falls Sie dieses Rezept im Voraus zubereiten wollen, können Sie dies tun, die Kokosmilch und die Garnelen dürfen jedoch erst kurz vor dem Servieren gekocht werden.
Servieren Sie dazu mit 3–4 Kardamom-Kapseln gekochten thailändischen Reis.

Variante: Dieses Rezept lässt sich auch sehr gut mit Seeteufel anstelle der Garnelen zubereiten. Dafür bereiten Sie die Sauce auf die gleiche Art zu und garen dann 1 kg Seeteufel, in dicke Scheiben geschnitten, etwa 10 Minuten in der Kokosmilch-Mischung.

Zur Information: Man benutzt nur die Schale und die Blätter der Kaffir-Limette. Das Fruchtfleisch ist zu sauer für den Verzehr.

Zubereitungen im Wok sind einfach und schnell – ein wahrer Spaß und ideal im Sommer. Es reicht, alle Zutaten zu vermengen und anzubraten. Sie können diesem Rezept noch andere Gemüsesorten wie Brokkoli, Bambussprossen usw. hinzufügen, oder auch das Rindfleisch durch Huhn ersetzen.

Wokpfanne mit Rindfleisch und Gemüse

- ~ 600 g Rumpsteak
- ~ 6 Lauchzwiebeln
- ~ 300 g Zuckererbsen
- ~ 1 rote Paprika
- ~ 2 gelbe Paprika
- ~ 2 Karotten
- ~ 3 EL Olivenöl
- ~ 2 EL Fischsauce (Asia-Laden)
- ~ 3½ EL Sojasauce
- ~ 3 Stängel Koriander
- ~ ½ EL Sesamsaat

FÜR 6 PERSONEN ~ ZUBEREITUNG: 25 MIN. ~ GARZEIT: 15 MIN.

Das Rumpsteak in feine Scheiben schneiden. Die Knollen der Lauchzwiebeln von der äußeren Haut befreien und fein hacken. Das Grün waschen. Zuckererbsen und Paprika waschen. Die Paprika von Strunk und Kernen befreien und in Streifen schneiden. Das Grün der Frühlingszwiebeln klein schneiden. Die Karotten schälen, waschen und mit einem Sparschäler der Länge nach in Streifen schneiden.

Das Olivenöl in einem Wok erhitzen, Zwiebeln, Zuckererbsen und Paprika zugeben und 5 Minuten anbraten. Frühlingszwiebelgrün und Fleisch zufügen und umrühren. 5 Minuten weitergaren.

Fischsauce und Sojasauce zugießen, 1–2 Minuten weitergaren und umrühren. Den Wok von der Herdplatte nehmen.

Den Koriander waschen und die Blätter abzupfen. Die Wokpfanne mit Sesamsaat und Korianderblättern bestreuen.

🔅 **Küchentipp:** Wokgerichte müssen frisch zubereitet und sofort serviert werden. Um Zeit zu gewinnen, können Sie das Gemüse vorab waschen und schneiden.

Köfte sind Hackfleischbällchen, die in der Türkei, aber auch in Marokko, Tunesien und dem Libanon jeweils leicht unterschiedlich zubereitet werden. Aus Rinder- oder Lammhack, oder einer Mischung aus beidem, werden sie mit frischen Kräutern und verschiedenen Gewürzen aromatisiert. Mit all diesen Geschmacksnoten sind Köfte ein ideales Sommergericht und passen gut zu gegrilltem Gemüse.

Rindfleisch-Köfte

- ~ 1 Zwiebel
- ~ 3 Stängel glatte Petersilie
- ~ 3 Stängel Koriander
- ~ 600 g Rinderhackfleisch
- ~ 1½ TL gemahlener Kreuzkümmel
- ~ 1 TL gemahlener Zimt
- ~ Salz und frisch gemahlener Pfeffer

FÜR 6 PERSONEN ~ ZUBEREITUNG: 15 MIN. ~ GARZEIT: 10 MIN.

Die Zwiebel schälen und fein hacken. Die Kräuter waschen, trocken tupfen und fein hacken.
Das Hackfleisch in eine Schüssel geben. Zwiebel und Kräuter zufügen, mit Kreuzkümmel und Zimt bestäuben und mit Salz und Pfeffer würzen. Mit den Fingern vermengen, bis sich ein Hackfleischteig ergibt, und daraus 12 länglich-ovale Hackfleisch-Klößchen formen.
Auf Spieße stecken und von jeder Seite 5 Minuten auf dem Holzkohlegrill garen. Alternativ in einer beschichteten Pfanne mit etwas Öl braten.

💡 **Variante**: Für Köfte aus gemischtem Hackfleisch nehmen Sie 300 g Rinder- und 300 g Lammgehacktes, danach bleibt das Rezept unverändert.

Ein traditionelles Rezept neu interpretiert.

Kalbsragout mit Orangenzesten und eingelegten Zitronen

- ~ 1½ kg Kalbshaxe (ohne Knochen)
- ~ 3 Zwiebeln
- ~ 1½ Knoblauchzehen
- ~ 3 EL Olivenöl
- ~ 1½ TL Mehl
- ~ 150 ml Weißwein
- ~ 3 kleine eingelegte Zitronen (Internethandel)
- ~ 2 EL Schalenstreifen (Zesten) von 1 Bio-Orange
- ~ Salz und frisch gemahlener Pfeffer

FÜR 6 PERSONEN ~ ZUBEREITUNG: 10 MIN. ~ GARZEIT: 1 STD. 15 MIN.

Die Kalbshaxe in Stücke schneiden. Zwiebeln und Knoblauch schälen und in dünne Streifen schneiden. Das Olivenöl in einem Topf erhitzen, Zwiebeln und Knoblauch 5 Minuten darin dünsten.

Die Fleischstücke hineingeben und von allen Seiten 10 Minuten goldbraun anbraten.

Das Fleisch mit Mehl bestäuben und umrühren. Den Weißwein und 150 ml lauwarmes Wasser zugießen. Abdecken und 1 Stunde auf kleiner Stufe schmoren. Von Zeit zu Zeit nachschauen, ob das Kalbfleisch nicht zu sehr anbrät.

Die eingelegten Zitronen vierteln und 10 Minuten vor Ende der Garzeit mit den Orangenzesten zum Kalbsragout geben.

Serviervorschlag: Servieren Sie zu diesem Gericht eine cremige Polenta. Dafür den Maisgrieß wie auf der Packung angegeben zubereiten und zum Schluss 3 Esslöffel Crème fraîche sowie einen Schuss Olivenöl einrühren.

Das hier verwendete Fleisch ist ein gut durchwachsenes Stück Kalbfleisch aus der Brust nahe der Rippen. In feine Scheiben geschnitten, ist es gegrillt sehr saftig und aromatisch. Kreuzkümmel ist ein ideales Gewürz dafür. Die aus der libanesischen Küche stammende Knoblauchcreme, die oft zu gegrilltem Fleisch gereicht wird, passt hervorragend dazu.

Kalbsteaks mit Knoblauchcreme

- ~ 6 EL Olivenöl
- ~ 1½ TL gemahlener Kreuzkümmel
- ~ 6 Scheiben durchwachsenes Kalbfleisch
- ~ Salz und frisch gemahlener Pfeffer

Für die Knoblauchcreme
- ~ 90 g Knoblauch
- ~ 1 TL Salz
- ~ 200 ml Olivenöl
- ~ 1½ EL Zitronensaft

FÜR 6 PERSONEN ~ ZUBEREITUNG: 25 MIN. ~ GARZEIT: 15 MIN.

Für die Knoblauchcreme den Knoblauch schälen, in einzelne Zehen zerteilen und diese 3 Minuten in kochendem Wasser garen. Abgießen und die Knoblauchzehen in einem Mörser oder Mixer mit Salz pürieren. Das Olivenöl langsam mit dem Schneebesen in das Knoblauchpüree einarbeiten. Den Zitronensaft unterrühren und die Creme kalt stellen. Olivenöl und Kreuzkümmel in einem tiefen Teller verrühren, die Kalbfleischscheiben hineinlegen und mit einem Pinsel von allen Seiten mit der Ölmischung bestreichen. Mindestens 30 Minuten marinieren.
Die Kalbfleischscheiben 7 Minuten von jeder Seite auf dem Holzkohlegrill oder unter dem Backofengrill garen.
Mit Salz und Pfeffer würzen, mit der restichen Marinade beträufeln und servieren. Dazu die Knoblauchcreme reichen.

💡 **Serviervorschlag**: Hierzu passt ein knackig grüner Salat aus Batavia- oder Romanasalat mit einer roten Zwiebel (in feine Ringe geschnitten), Cocktailtomaten (halbiert), gerösteten Pinienkernen und ein wenig fein geschnittener Minze und Schnittlauch. Und wenn die Zeit es erlaubt, servieren Sie dazu noch ein paar gegrillte und eingelegte Paprika und Auberginen (siehe S. 30).

Schweinelendchen sind ein ideales Fleischgericht für eine große Tafelrunde. Sie sind nicht allzu teuer und schmecken den meisten – warm oder kalt. Dazu können Sie Reis oder frische Nudeln servieren.

Schweinelendchen mit Äpfeln und Estragon

~ 2 Zwiebeln
~ 3 Schalotten
~ 2 Schweinefilets von je 500 g
~ 3 Äpfel
~ 3 Stängel Estragon
~ 3 EL Sonnenblumenöl
~ 300 ml Cidre
~ Salz und frisch gemahlener Pfeffer

FÜR 6 PERSONEN ~ ZUBEREITUNG: 15 MIN. ~ GARZEIT: 40 MIN.

Zwiebeln und Schalotten schälen. Die Zwiebeln klein schneiden und die Schalotten der Länge nach vierteln. Die Schweinefilets in dicke Scheiben schneiden. Die Äpfel gut waschen, vom Kerngehäuse befreien und in 6 Spalten schneiden. Den Estragon waschen und trocken tupfen.
Das Sonnenblumenöl in einer gusseisernen Kasserolle oder einer hohen Pfanne erhitzen, Zwiebeln und Schalotten 5 Minuten darin dünsten. Die Fleischstücke hineinlegen und auf hoher Stufe von beiden Seiten goldbraun anbraten.
Äpfel und Estragon zufügen und mit Salz und Pfeffer würzen. Mit Cidre ablöschen und 100 ml Wasser zugießen. Abdecken und etwa 25 Minuten köcheln, dabei von Zeit zu Zeit umrühren. Sollten Fleisch oder Äpfel am Boden des Topfes ansetzen, etwas heißes Wasser zugeben.

🔆 **Kleines Extra:** Wer mag, rührt kurz vor Ende der Garzeit 1–2 Esslöffel Crème fraîche in den Sud – das Gericht muss dabei heiß sein, damit sich die Sauce gut mit der Crème fraîche verbindet.

Biryani ist ein Gericht aus dem Norden Indiens. Die Hauptzutat ist Reis, der durch Lamm, Huhn oder Garnelen ergänzt und mit Gewürzen aromatisiert wird.

Lamm-Biryani

- ~ einige Fäden Safran
- ~ 3 Zwiebeln
- ~ 9 grüne Kardamomkapseln
- ~ 1 kg ausgelöste Lammschulter
- ~ 40 g Ghee oder Butterschmalz
  (siehe „Küchentipp")
- ~ 1½ TL gemahlene Kurkuma
- ~ 1 TL gemahlener Zimt
- ~ 1 TL gemahlener Kreuzkümmel
- ~ 600 g Basmati-Reis
- ~ 60 g Rosinen
- ~ 120 g Cashewnüsse
- ~ 3 Stängel Koriander
- ~ Salz und frisch gemahlener
  Pfeffer

FÜR 6 PERSONEN ~ ZUBEREITUNG: 20 MIN. ~ GARZEIT: 25 BIS 35 MIN.

1,2 Liter Wasser in einem Topf zum Kochen bringen. Die Safranfäden hineingeben, den Herd abschalten und das Wasser ziehen lassen. Die Zwiebeln schälen und klein schneiden. Die Kardamomkapseln mit der flachen Seite eines Messers zerdrücken. Das Fleisch in Würfel von 2 x 2 cm Größe schneiden.

Ghee oder Butterschmalz in einem gusseisernen Topf erhitzen und die Zwiebeln darin 5 Minuten auf kleiner Stufe dünsten. Kardamom, Kurkuma, Zimt und Kreuzkümmel zufügen und umrühren. Das Fleisch zufügen und mit Salz und Pfeffer würzen. Alles auf hoher Stufe 5 bis 10 Minuten braten und dabei regelmäßig umrühren. Reis, Rosinen und Cashewnüsse zugeben und langsam das Safranwasser eingießen. Umrühren und auf mittlerer Stufe 10 bis 15 Minuten garen. Dabei regelmäßig umrühren, bis der Reis das Safranwasser aufgenommen hat.

Sollte der Reis dann nicht gar genug sein, etwas Wasser zugießen und weitergaren, bis die Flüssigkeit aufgenommen worden ist.

Den Koriander waschen, hacken und über das Lamm-Biryani streuen.

Küchentipp: In Indien gehört Ghee zu den unerlässlichen Küchenzutaten. Ghee ist geklärte Butter oder Butterschmalz, sehr bekömmlich und bräunt nicht beim Braten. Sie können geklärte Butter selbst herstellen: 100 Gramm Butter auf kleiner Stufe in einem Topf zerlassen. Den sich bildenden Schaum abnehmen und mit einer Kelle die gelb-transparente Flüssigkeit herausschöpfen. Die am Boden des Topfes verbleibende weißliche Flüssigkeit wird nicht benötigt. Geklärte Butter lässt sich gekühlt sehr gut aufbewahren.

Zu diesen Entenbrustspießen schmeckt ein Gemüsegratin (siehe S. 88) oder ein Salat aus Orecchiette und gegrilltem Gemüse (siehe S. 30).

Entenbrustspieße mit Ananas

~ 3 Entenbrüste
~ 2 rote Paprika
~ 1 Dose Ananasscheiben
~ Salz und frisch gemahlener Pfeffer

FÜR 6 PERSONEN ~ ZUBEREITUNG: 15 MIN. ~ GARZEIT: 10 MIN.

Den Holzkohlegrill vorbereiten oder den Backofengrill vorheizen.
Etwas Fett von der Entenbrust abschneiden, dann mit dem Messer die verbleibende Fettschicht kreuzweise einritzen. Die Entenbrust in Würfel von 1–2 cm Seitenlänge schneiden. Die Paprika waschen, von Strunk und Kernen befreien und in etwa 2 cm große Würfel schneiden. Die Ananasscheiben abtropfen lassen und in dreieckige Stücke schneiden.
Dann abwechselnd Entenbrust, Paprika und Ananas auf die Spieße stecken. Mit Salz und Pfeffer würzen.
Die Spieße etwa 10 Minuten auf dem Holzkohlegrill oder unter dem Backofengrill garen. Dabei regelmäßig wenden. Die Entenbrust muss innen rosa bleiben.

Tipp: Die Entenbrust mit Fünf-Gewürze-Pulver bestäuben (im Asia-Laden oder Supermarkt erhältlich). Sie können die Spieße auch einmal mit Entenbrust, Cocktailtomaten und Feigen ausprobieren.

Diese kleinen Spieße werden ganz großen Anklang finden. Sie sind schnell und einfach zuzubereiten – auch mit Lamm oder Kalbfleisch schmecken sie köstlich.

Zitronengrasspieße mit Huhn

- ~ 1 kg Hähnchenbrustfilet
- ~ 3 Stangen Zitronengras + 6 für die Spieße (falls gewünscht)
- ~ 2 cm Stück frischer Ingwer
- ~ 6 EL Olivenöl
- ~ Saft von 2 Limetten
- ~ Salz und frisch gemahlener Pfeffer

ERGIBT 12 SPIESSE ~ ZUBEREITUNG: 20 MIN. ~
MARINIEREN: 2 BIS 3 STUNDEN ~ GARZEIT: 10 MIN.

Das Filet in 2 cm große Würfel schneiden. Die harten Enden von 3 Zitronengrasstängeln abschneiden und den zarten Teil fein hacken. Den Ingwer schälen und fein hacken.

In einer Schüssel Olivenöl, Limettensaft, Zitronengras und geriebenen Ingwer vermischen. Mit Salz und Pfeffer würzen. Das gewürfelte Hähnchenfleisch hineingeben und 2–3 Stunden marinieren.

Den Holzkohlegrill vorbereiten oder den Backofengrill vorheizen.

Falls gewünscht, die zusätzlichen Zitronengrasstangen der Länge nach halbieren. Die Fleischstücke abtropfen lassen und die Marinade aufbewahren. Die Hähnchenwürfel auf die Zitronengrasspieße stecken, oder alternativ auf Holzspieße.

Auf dem Holzkohlegrill oder unter dem Backofengrill etwa 10 Minuten garen. Nach 5 Minuten wenden – das Hühnerfleisch muss zart bleiben.

Die Spieße auf einen Servierteller legen und mit der Marinade begießen.

💡 **Serviervorschlag**: Zu diesen kleinen Spießen können Sie verschiedene Salate reichen, wie beispielsweise den orientalischen Salat (siehe S. 26).

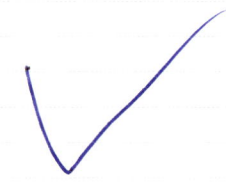

Dieses Rezept können Sie auch mit Mirabellen zubereiten. Dinkel-Couscous ist ebenso schmackhaft wie Weizen-Couscous; beide passen ideal zu mit Obst zubereiteten Hähnchengerichten.

Huhn in Pflaumensauce an Couscous mit Mandeln und Pinienkernen

- ~ 1 Bio-Huhn, ca. 2,5 kg
- ~ 450 g Pflaumen
- ~ 1½ Zwiebeln
- ~ 6 Schalotten
- ~ 6 EL Olivenöl
- ~ 3 EL Sojasauce
- ~ Salz und frisch gemahlener Pfeffer

Für den Couscous
- ~ 300 g Dinkelgrieß (im Bio-Supermarkt, alternativ herkömmlicher Couscous)
- ~ 40 g Mandelblättchen
- ~ 40 g Pinienkerne
- ~ 5 Stängel Koriander
- ~ 60 g Sultaninen
- ~ 5 EL Olivenöl
- ~ 1 TL gemahlener Zimt
- ~ Salz und frisch gemahlener Pfeffer

FÜR 6 PERSONEN ~ ZUBEREITUNG: 45 MIN. ~ GARZEIT: 50 MIN.

Den Backofen auf 180 °C vorheizen.

Das Huhn in Stücke zerteilen. Die Pflaumen waschen, halbieren und entsteinen. Die Zwiebeln schälen und klein schneiden. Die Schalotten schälen und der Länge nach vierteln. Ein Backblech mit Öl einfetten und Hühnchenteile, die Hälfte der Pflaumen, Zwiebeln und Schalotten darauf verteilen. Mit Salz und Pfeffer würzen. Etwa 50 Minuten im vorgeheizten Backofen garen. Nach der Hälfte der Garzeit die Sojasauce über die Zutaten träufeln und die restlichen Pflaumen zufügen.

Nun den Dinkel-Couscous zubereiten. Den Grieß in eine große Schüssel füllen und mit der gleichen Menge kochendem Wasser begießen. Abdecken und 5 Minuten ziehen lassen. Mit einer Gabel auflockern. Mandelblättchen und Pinienkerne in einer beschichteten Pfanne ohne Fett rösten. Den Koriander waschen, trocken tupfen und fein hacken. Sultaninen, Mandelblättchen, Pinienkerne und Koriander unter den Couscous heben. Mit Olivenöl begießen, mit Zimt bestäuben und sorgfältig vermengen. Mit Salz und Pfeffer würzen.

Küchentipp: Wenden Sie die einzelnen Hühnchenteile während des Garens, damit sie von allen Seiten gut bräunen. Auch Pflaumen, Zwiebeln und Schalotten sollten gewendet werden. Falls nötig, gießen Sie 50 ml heißes Wasser zu. Das löst den Bratensatz vom Backblech und ergibt einen aromatischen braunen Sud.

Pecorino ist ein italienischer Hartkäse, der traditionell aus der Vollmilch vom Schaf hergestellt wird. Falls Sie keinen Pecorino finden, können Sie auch Parmesan verwenden.

Penne mit Zitrone, Pecorino und Rucola

- ~ 2 Bio-Zitronen
- ~ 120 g Pecorino
- ~ 700 g Sahne
- ~ 600 g Penne
- ~ 150 g Rucola
- ~ Salz und frisch gemahlener Pfeffer

FÜR 6 PERSONEN ~ ZUBEREITUNG: 15 MIN. ~ GARZEIT: 20 MIN.

Die Zitronen waschen, trocknen und die Schale fein abreiben. Dann den Saft auspressen. Den Pecorino mit einem Sparschäler hobeln. Sahne und Zitronensaft in einer Pfanne erhitzen und 5 Minuten köcheln, damit die Mischung andickt. Abgeriebene Zitronenschale und die Hälfte des Pecorinos einrühren. Mit Salz und Pfeffer würzen und weitere 2 Minuten köcheln. Die Penne mit etwas Salz in einen großen Topf kochendes Wasser geben. 8–10 Minuten auf mittlerer Stufe kochen und von Zeit zu Zeit umrühren, damit die Nudeln nicht aneinanderhaften.
Die Penne abgießen und anschließend in die Pfanne geben. Sorgfältig vermengen, damit die Nudeln die zitronige Sahnesauce gut aufnehmen. Den Rucola gut waschen und trocken schleudern. Die Penne in eine Servierschüssel füllen, mit dem verbleibenden Pecorino und Rucola bestreuen und beides vorsichtig unterheben.

Variante: Dieses Rezept kann auch mit Hähnchenbrustfilets zubereitet werden und dann eine vollständige Mahlzeit ergeben. Dafür 3 einzelne Filets in Streifen schneiden. Etwas Olivenöl in einer Pfanne erhitzen und das Fleisch darin auf hoher Stufe goldbraun braten. Mit Salz und Pfeffer würzen. Sahne und Zitronensaft zugießen und das Rezept weiter wie oben beschrieben zubereiten.
Küchentipp: Falls die Pasta nicht cremig genug ist, etwas heißes Wasser zufügen und verrühren, so gelingt die cremige Konsistenz wie gewünscht!

Risotto darf nicht zu trocken sein, er muss cremig serviert werden. Die Zucchini können in diesem Rezept auch durch Artischockenherzen, Champignons oder eingelegte Tomaten ersetzt werden.

Risotto mit Zucchini, Erbsen und Kräutern

- 3 Schalotten
- 2 kleine Zucchini
- 15 Minzeblätter
- 1 kleines Bund Basilikum
- 1 kleines Bund glatte Petersilie
- 6 EL Olivenöl
- 300 g ausgelöste Erbsen
- 2 Lorbeerblätter
- 300 g Risotto-Reis (Carnaroli oder Arborio)
- 1 Glas Weißwein
- 1 l Gemüsebrühe
- 3 EL Sahne
- 45 g Butter
- 5 EL geriebener Parmesan
- Salz und frisch gemahlener Pfeffer

FÜR 6 PERSONEN ~ ZUBEREITUNG: 25 MIN. ~ GARZEIT: 40 BIS 45 MIN.

Die Schalotten schälen und fein hacken. Die Zucchini waschen und in kleine Würfel schneiden. Die Kräuter waschen, trocken tupfen und fein hacken.

Die Hälfte des Olivenöls in einem Topf erhitzen und die Hälfte der Schalotten darin leicht goldbraun dünsten. Zucchiniwürfel, Erbsen und Lorbeerblätter zugeben und alles 5–10 Minuten garen, dabei regelmäßig umrühren.

Das restliche Olivenöl in einem großen Topf erhitzen und die restlichen Schalotten darin 5 Minuten goldbraun dünsten. Den Reis zufügen und unter ständigem Rühren glasig dünsten. Den Weißwein zugießen, umrühren und 2 Minuten einkochen lassen. 1 Kelle Brühe zugießen und unter häufigem Rühren weitergaren, bis der Reis die Flüssigkeit aufgesogen hat. Dann immer wieder einzelne Kellen Gemüsebrühe zugeben und einkochen lassen, bis die Brühe aufgebraucht ist, das sollte etwa 20 Minuten dauern.

Gegen Ende der Garzeit Zucchini, Erbsen und Kräuter zufügen und weitere 5 Minuten garen. Der Reis muss noch leicht bissfest sein. Den Topf vom Herd nehmen. Sahne, Butter und Parmesan zugeben und vorsichtig unterheben. Sofort servieren.

Während diese Kartoffeln langsam im Backofen rösten, bleibt beinahe Zeit für einen Spaziergang oder ein Sonnenbad ...

Vergessene Backofenkartoffeln

~ 6 Kartoffeln
~ 5 EL Olivenöl
~ einige Zweige Thymian und Rosmarin
~ Meersalz und Pfeffer

FÜR 6 PERSONEN ~ ZUBEREITUNG: 10 MIN. ~ GARZEIT: 1 STD. 30 MIN.

Den Backofen auf 140 °C vorheizen.
Die Kartoffeln gut waschen und eventuelle Erdreste mit einer kleinen Bürste beseitigen. Abtrocknen und der Länge nach halbieren. Die Kartoffelhälften mit der Schale nach unten auf einem Backblech verteilen. Mit Olivenöl begießen und mit Thymian- und Rosmarinblättern bestreuen. Mit Salz und Pfeffer würzen und 1½ Stunden im vorgeheizten Backofen garen.

Tipp: Auf diese Art können auch hausgemachte Pommes frites gut zubereitet werden. Dafür die Kartoffeln vierteln und auf dem Backblech verteilen. Mit Olivenöl begießen und 20–30 Minuten bei 180 °C backen. Dabei von Zeit zu Zeit wenden, damit die Fritten von allen Seiten goldbraun werden.

Dieses Gemüsegratin ist ein Klassiker der südfranzösischen Küche. Es passt genauso gut zu Fleisch wie zu Fisch.

Gemüsegratin

- ~ 3 milde Zwiebeln (weiße oder rote)
- ~ 3 Zucchini
- ~ 6 Tomaten
- ~ 3 Auberginen
- ~ 6 EL Olivenöl
- ~ 3 Zweige Thymian
- ~ 2 Zweige Rosmarin
- ~ Meersalz und frisch gemahlener Pfeffer

FÜR 6 PERSONEN ~ ZUBEREITUNG: 20 MIN. ~ GARZEIT: 1 STD. 15 MIN.

Den Backofen auf 170 °C vorheizen.

Die Zwiebeln schälen und quer in feine Scheiben schneiden. Das Gemüse waschen und in feine runde Scheiben schneiden. Falls die Auberginen zu groß sind, die runden Scheiben halbieren.

Den Boden einer Auflaufform mit 2 Esslöffeln Olivenöl einfetten und die abgezupften Blätter von je 1 Zweig Thymian und Rosmarin darüber verteilen. Die Gemüsescheiben abwechselnd schräg übereinanderschichten. Dabei sollte je eine Scheibe Tomate neben einer Scheibe Aubergine liegen – der Saft aus der Tomate wird dafür sorgen, dass die Aubergine gart, ohne auszutrocknen. Anschließend mit dem restlichen Olivenöl begießen und mit den restlichen Thymian- und Rosmarinblättern bestreuen. Mit Salz und Pfeffer würzen und etwa 1¼ Stunde im vorgeheizten Backofen garen – das Gemüse gart so ganz langsam.

💡 **Variante:** Sie können diesem Rezept Kartoffeln hinzufügen. Dazu eignen sich festkochende Sorten – sie sollten in ganz dünne Scheiben geschnitten werden.

In diesem Ratatouille-Rezept finden Sie keine Paprika. Deshalb ist es besonders mild und bei Kindern und Erwachsenen gleichermaßen beliebt. Eine Ratatouille schmeckt im Sommer am besten, weil die verwendeten Gemüsesorten dann besonders aromatisch sind. Dieses Familienrezept passt gut zu Fisch und Fleisch.

Ratatouille mit Basilikum

- ～ 3 Zwiebeln
- ～ 2 Knoblauchzehen
- ～ 3 Auberginen
- ～ 750 g Zucchini
- ～ 6 große Tomaten
- ～ 1½ Bund Basilikum
- ～ 3 Zweige Rosmarin
- ～ 6 EL Olivenöl
- ～ 150 g passierte Tomaten
- ～ 1½ TL Puderzucker
- ～ Salz und frisch gemahlener Pfeffer

FÜR 6 PERSONEN ～ ZUBEREITUNG: 20 MIN. ～ GARZEIT: 1 STD.

Zwiebeln und Knoblauch schälen und hacken. Auberginen und Zucchini waschen und in Würfel schneiden. Die Tomaten an jedem Ende kreuzweise einschneiden und 1 Minute in einen Topf mit kochendem Wasser tauchen. Die Tomaten mit einem Schaumlöffel herausheben, die Haut abziehen und das Fleisch grob würfeln. Basilikum und Rosmarin waschen und trocknen. Das Basilikum fein hacken.
2 Esslöffel Olivenöl in einem Topf erhitzen und auf kleiner Stufe Zwiebeln und Knoblauch 10 Minuten darin dünsten. Das restliche Olivenöl zugießen und Auberginen und Zucchini in den Topf geben. 5 Minuten dünsten, dabei regelmäßig umrühren. Gewürfelte und passierte Tomaten, Zucker, Basilikum und Rosmarin zufügen. Mit Salz und Pfeffer würzen, abdecken und auf kleiner Stufe 30 Minuten köcheln, dabei von Zeit zu Zeit umrühren.
Den Deckel vom Topf nehmen und weitere 15 Minuten im offenen Topf garen, damit etwas Flüssigkeit verdunsten kann.

💡 **Tipp**: Ratatouille lässt sich mindestens 3 Tage im Kühlschrank aufbewahren. Wenn etwas davon übrig bleibt, können Sie damit eine Quiche oder einen herzhaften Kuchen zubereiten, oder aber kleine Portionen in Gläsern zum Aperitif reichen.

Weiße Schokolade harmoniert sehr gut mit roten Früchten. Die Tonkabohne verleiht dieser Mousse ein gewisses Etwas, das alle Leckermäulchen verführen dürfte.

Weiße Schokoladen-Mousse mit Tonkabohne und roter Sauce

- ~ 270 g weiße Schokolade
- ~ 5 EL Milch
- ~ 1 Tonkabohne (Gewürzhändler oder Internethandel, alternativ 1 TL Zimtpulver)
- ~ 200 g Sahne (sehr kalt)
- ~ 225 g Erdbeeren
- ~ 375 g Himbeeren
- ~ 300 g Blaubeeren

FÜR 6 PERSONEN ~ ZUBEREITUNG: 30 MIN.

Eine Schüssel und die Quirle des Handrührgerätes kalt stellen. Mit einem großen Messer die weiße Schokolade sehr fein hacken. Schokolade und Milch in eine kleine Schüssel füllen und im Wasserbad schmelzen. Dabei mit dem Schneebesen rühren, bis die Schokolade glatt und glänzend ist. Dann die Schüssel aus dem Wasserbad nehmen und lauwarm abkühlen lassen. $3/4$ der Tonkabohne über die Schokolade reiben und gut verrühren. Sahne, Schüssel und Schneebesen aus dem Kühlschrank nehmen. Die Sahne steif schlagen und dann vorsichtig unter die geschmolzene Schokolade heben. Die Schokoladenmousse in Dessertgläser füllen und in den Kühlschrank stellen.
Die Früchte rasch waschen und mit Küchenpapier trocken tupfen. Den Stielansatz von den Erdbeeren abzupfen. Erdbeeren und 150 g Himbeeren in eine Schüssel geben und mit dem Stabmixer zu einer Sauce pürieren.
Kurz vor dem Servieren ein wenig von der Sauce über die Mousse-Gläser verteilen und mit Blaubeeren und Himbeeren garnieren.

Küchentipp: Die weiße Schokolade darf nicht zu stark erhitzt werden. Wenn sie zu dickflüssig und teigig wird, ist sie nicht mehr zu gebrauchen. Die Schokolade muss glatt und glänzend bleiben.

Tiramisu ist ein frisches Dessert, ideal für den Sommer, auch weil man es am Tag zuvor zubereiten kann. Diese fruchtige Version schmeckt ganz einfach himmlisch ...

Erdbeer-Tiramisu

~ 350 g Erdbeeren
~ 4 ganze Eier, plus 2 Eigelb
~ 100 g Puderzucker
~ 500 g Mascarpone
~ 180 g Karamellgebäck
~ 2 EL Pistazienkerne

FÜR 6 PERSONEN ~ ZUBEREITUNG: 30 MIN. ~ KÜHLZEIT: 6 BIS 12 STD.

Die Erdbeeren kurz waschen, den Stielansatz entfernen und die Erdbeeren je nach Größe vierteln oder in Scheiben schneiden. Die Stücke sollten möglichst gleich groß sein.

Die Eier aufschlagen und das Eiweiß vom Eigelb trennen. Eigelb und Puderzucker in eine Schüssel geben und mit dem Schneebesen schlagen, bis die Mischung hell wird, dann nach und nach den Mascarpone einarbeiten. Weiter mit dem Schneebesen schlagen, bis eine glatte Konsistenz erreicht ist. Das Eiweiß steif schlagen und die Mascarponemischung vorsichtig mit einem Teigschaber unterheben.

Das Gebäck in eine Plastiktüte geben und mit einer Teigrolle zerdrücken. Die Brösel in eine tiefe Auflauf- oder Dessertform geben, mit der Hälfte der Mascarponecreme bedecken und darauf die Erdbeeren in einer gleichmäßigen Schicht verteilen. Mit der restlichen Mascarponecreme bestreichen.

Die Pistazienkerne in einer beschichteten Pfanne rösten, grob im Mörser zerdrücken und über das Tiramisu streuen. Anschließend 6–12 Stunden in den Kühlschrank stellen.

💡 **Küchentipp:** Für eine besondere Note können Sie dieses Tiramisu mit Sesamkrokant bestreuen. Sesamkrokant ist im Bio-Supermarkt und in türkischen und asiatischen Lebensmittelgeschäften erhältlich.

Scheuen Sie sich nicht, ein paar ungewöhnliche Zutaten auszuprobieren, um einen herkömmlichen Obstsalat einmal neu zu erfinden. Ihre Gäste werden freudig überrascht sein!

Erdbeer-Melonen-Salat mit Rosenwasser und Süßholzwurzel

- ~ 750 g Erdbeeren
- ~ 1 große Honigmelone
- ~ 1½ EL Rosenwasser
- ~ 3 EL Puderzucker
- ~ 1 TL gemahlene Süßholzwurzel (Reformhaus oder Gewürzhändler)
- ~ 1½ EL Pistazienkerne

FÜR 6 PERSONEN ~ ZUBEREITUNG: 20 MIN.

Die Erdbeeren kurz unter kaltem Wasser waschen, den Stielansatz entfernen und die Erdbeeren vierteln. Die Melone halbieren, entkernen und in feine Spalten schneiden. Mit einem spitzen Messer von der Schale befreien.

Erdbeeren und Melonenspalten in eine große Schüssel geben und mit Rosenwasser beträufeln. Mit Puderzucker und gemahlener Süßholzwurzel bestreuen. Umrühren und in den Kühlschrank stellen.

Kurz vor dem Servieren in Dessertschalen füllen.

Die Pistazienkerne in einer beschichteten Pfanne rösten, mit einem breiten Messer zerdrücken und über die Früchte streuen.

-ᗒᗣᗕ- **Variante**: Nutzen Sie die Vielfalt der reifen Sommerfrüchte und fügen Sie diesem Obstsalat Himbeeren, Pflaumen, Pfirsiche oder Granatapfelkerne hinzu. Wagen Sie es ruhig, dem Obstsalat ein wenig Estragon oder einige Blätter Eisenkraut beizumengen!

Für dieses Rezept müssen Sie reife oder sogar überreife Früchte verwenden, dann gelingt das Kompott umso besser. Es lässt sich natürlich auch mit Pfirsichen, Nektarinen oder Aprikosen abwandeln. Für den köstlichen Karamellgeschmack sind in diesem Rezept weiche Karamellbonbons verarbeitet worden.

Mirabellenkompott mit Vanilleeis und Karamellsauce

~ 900 g sehr reife Mirabellen
~ 45 g Butter
~ 100 g Puderzucker
~ 1½ Vanilleschoten
~ 400 ml Vanilleeis

Für die Karamellsauce
~ 750 g Sahne
~ 70 g weiche Karamellbonbons oder Caramac-Riegel

FÜR 6 PERSONEN ~ ZUBEREITUNG: 10 MIN. ~ GARZEIT: 30 MIN.

Die Mirabellen waschen, halbieren und entsteinen. Die Butter in einer Pfanne zerlassen und Mirabellen und Zucker hineingeben.
Die Vanilleschoten der Länge nach halbieren, mit einem Messer das Mark herauskratzen und zu den Früchten in die Pfanne geben. Auf mittlerer Stufe etwa 15 Minuten kochen und regelmäßig umrühren.
In der Zwischenzeit die Karamellsauce zubereiten. Die Sahne in einen Stieltopf gießen, die Karamellbonbons hineinlegen und auf kleiner Stufe unter ständigem Rühren erhitzen, bis sich eine glatte und glänzende Karamellsauce ergibt.
Das Mirabellenkompott mit Vanilleeis anrichten und mit Karamellsauce begießen.

Küchentipp: Je nachdem, wie reif und saftig die Früchte sind, kann die Kochzeit für das Kompott variieren. Kochen Sie das Kompott ruhig etwas länger, bis es die gewünschte Konsistenz hat.
Aufgepasst: Während des Servierens den Stieltopf mit der Karamellsauce in ein heißes Wasserbad stellen. Sollte die Sauce zu fest werden, erneut auf kleiner Stufe erhitzen, dadurch wird sie wieder flüssiger.

Der Streuselteig für den Crumble lässt sich gut einfrieren. Es bietet sich an, eine ausreichende Menge davon als Vorrat vorzubereiten. So bleibt auch der Köchin bzw. dem Koch etwas Zeit, ohne dass die Familie auf den Nachtisch verzichten muss.

Crumble mit Nektarinen und Aprikosen

~ 6 Nektarinen
~ 1½ kg Aprikosen
~ 45 g gesalzene Butter
~ 150 g Zucker

Für den Crumble-Teig
~ 150 g Karamell-Gebäck
~ 120 g Butter
~ 150 g Mehl
~ 90 g Zucker

FÜR 6 PERSONEN ~ ZUBEREITUNG: 20 MIN. ~ GARZEIT: 30 MIN.

Den Backofen auf 180 °C vorheizen.

Das Obst waschen und trocken tupfen. Die Kerne entfernen und das Obst in Viertel oder Spalten schneiden.

Die Butter in einer Pfanne zerlassen. Sobald sie Bläschen bildet, Obst und Zucker in die Pfanne geben und etwa 5 Minuten dünsten. Dann das Obst in eine Auflaufform füllen.

Den Crumble-Teig vorbereiten. Dafür das Gebäck mit einer Teigrolle zerbröseln. Die Butter in kleine Stücke schneiden und in eine Schüssel füllen. Mehl, Zucker und Brösel zugeben. Mit den Fingern vermengen, bis eine körnige Mischung entsteht. Den Streuselteig über die Früchte verteilen und den Crumble 20 Minuten im vorgeheizten Backofen garen. Aus dem Ofen nehmen und lauwarm abkühlen lassen.

🔅 **Variante**: Dieses Rezept kann man mit allen Früchten zubereiten, die man noch im Haus hat (vor allem, wenn sie etwas überreif sind oder leichte Druckstellen haben). Es passt zu Himbeeren und Pfirsichen, Bananen und Birnen, Feigen und Rhabarber ... Sie können außerdem mit etwas Zimt, Ingwer oder geriebener Tonkabohne im Handumdrehen ein neues Aroma zaubern!

Diese Obsttarte muss man im Sommer einfach zubereiten! Sollten Sie Urlaub in Südfrankreich machen, dann lassen Sie die Kinder Lavendel suchen, er passt hervorragend zu den Aprikosen. Den Teig können Sie selbst zubereiten oder auch fertig kaufen. Ganz wie Sie mögen!

Aprikosentarte mit Lavendel

- ~ 1 kg reife Aprikosen
- ~ 30 g Butter
- ~ 2 EL Zucker
- ~ ½ TL Lavendelblüten

Für den Mürbeteig
- ~ 250 g Mehl
- ~ 2 TL Puderzucker
- ~ 125 g Butter
- ~ 1 Eigelb

FÜR 6 PERSONEN ~ ZUBEREITUNG: 35 MIN. ~ RUHEZEIT FÜR DEN TEIG: 1 STD. ~ BACKZEIT: 25 MIN.

Zunächst den Mürbeteig vorbereiten. Mehl und Zucker in einer Schüssel mischen. Eine Mulde in die Mitte drücken, gewürfelte Butter und Eigelb hineingeben. Mit den Fingern vermengen. 4 Esslöffel Wasser zufügen und den Teig kneten, bis er glatt ist. Wenn der Teig zu trocken ist, etwas mehr Wasser zufügen; falls er zu sehr klebt, etwas Mehl einstreuen. Den Teig zu einer Kugel rollen, in Frischhaltefolie wickeln und 1 Stunde in den Kühlschrank legen.

Den Backofen auf 180 °C vorheizen.

Den Teig auf einer bemehlten Arbeitsfläche ausrollen und eine Tarteform damit auslegen. Den Teigboden mehrfach mit einer Gabel einstechen und den überhängenden Teig am Rand der Form abschneiden.

Die Aprikosen waschen, halbieren und entkernen. Wenn die Aprikosen groß sind, in vier Teile schneiden. Den Teigboden eng mit Aprikosenstücken belegen. Falls die Aprikosen geviertelt sind, können sie leicht überlappend angeordnet werden.

Die Butter zerlassen und mit einem Pinsel auf die Aprikosen streichen. Mit Zucker und Lavendelblüten bestreuen und 25 Minuten im vorgeheizten Backofen backen.

Küchentipp: Das Lavendelaroma wird noch intensiver, wenn Sie bereits ein wenig Lavendel in den Teig mischen. Sie können den Teigboden auch mit 2 Esslöffeln Pinienkernen bestreuen.

Hier bereiten wir die klassische Zitronen-tarte mit Limetten zu – weil wir bei Limetten wirklich sofort an Sommer, Sonne und Urlaub denken!

Limettentarte

Für den Teig

~ 250 g Butterkekse oder
  Mürbeteigplätzchen
~ 60 g Butter
~ 25 g Puderzucker

Für die Füllung

~ 3–4 Bio-Limetten
  (etwa 200 ml Saft)
~ 5 Eier
~ 200 g Puderzucker
~ 2 EL Speisestärke
~ 50 g Butter

FÜR 6 BIS 8 PERSONEN ~ ZUBEREITUNG: 30 MIN. ~ GARZEIT: 20 MIN.

Den Backofen auf 180 °C vorheizen.

Den Teig zubereiten. Dazu die Kekse auf der Arbeitsfläche mit einer Teigrolle zerkleinern. Die Butter in der Mikrowelle oder im Wasserbad zerlassen.

In einer Schüssel die Keksbrösel mit zerlassener Butter und Zucker vermengen. Die Mischung auf dem Boden einer mit Backpapier ausgelegten Springform von 26 cm Durchmesser verteilen. Fest andrücken, der Teig sollte etwa 1–1,5 cm dick sein. 15 Minuten im vorgeheizten Ofen backen.

Nun die Füllung zubereiten. 2 Limetten waschen und abtrocknen. Dann mit einem Zestenschäler oder Messer feine Schalenstreifen (Zesten) schneiden. Alle Limetten auspressen.

Eier und Zucker in einer Schüssel verrühren, bis die Mischung hell wird. Limettenzesten und Speisestärke zufügen und weiterrühren, bis die Mischung glatt ist.

Den Limettensaft in einem Topf zum Kochen bringen und in die Mischung einrühren. Dann alles in den Topf gießen und 2–3 Minuten unter ständigem Rühren eindicken. Den Topf vom Herd nehmen und 5 Minuten abkühlen lassen.

Die Butter in kleine Stücke schneiden und in die Limettencreme einrühren, diese auf dem Teigboden verteilen. Auf Zimmertemperatur abkühlen lassen und in den Kühlschrank stellen.

Schokoladenkuchen im Sommer? Ja, denn mit Karamell und gesalzener Butter erinnert dieser saftige Schokoladenkuchen wirklich an den Geschmack vom Urlaub im Süden.

Saftiger Schoko-Karamellkuchen

- ~ 250 g Vollmilchschokolade
- ~ 80 g gesalzene Butter, plus etwas mehr für die Backform
- ~ 5 Eier
- ~ 100 g Puderzucker
- ~ 2 EL Karamellbrotaufstrich (z. B. von Muh-Muhs oder Bonne Maman)
- ~ 1 Prise Meersalz
- ~ 70 g Daim® (Butter-Mandel-Karamellbonbons)
- ~ 60 g Mehl

FÜR 6 BIS 8 PERSONEN ~ ZUBEREITUNG: 15 MIN. ~ GARZEIT: 20 MIN.

Den Backofen auf 180 °C vorheizen.

Die Schokolade in Stücke hacken und in eine Schüssel geben. Die gesalzene Butter zufügen und beides im Wasserbad oder in der Mikrowelle schmelzen. Rühren, bis die Schokolade glatt ist und glänzt.

Die Eier aufschlagen und Eiweiß vom Eigelb trennen. Eigelb und Zucker in einer Schüssel mit dem Schneebesen schlagen, bis die Mischung hell wird. Karamellbrotaufstrich und Salz einrühren. Die geschmolzene Schokolade zugießen und sorgfältig unterrühren. Dann das Eiweiß zufügen und sorgfältig verrühren.

Die Daim®-Bonbons klein hacken. Die Stücke in den Teig geben, Mehl zufügen und alles vermengen.

Eine Springform mit Butter einfetten und den Teig hineinfüllen. 20 Minuten im vorgeheizten Ofen backen – der Schokoladenkuchen sollte in der Mitte noch feucht sein.

-ᗺ́- **Vorschlag**: Wenn Sie den Kuchen etwas fester bevorzugen, backen Sie ihn 5 Minuten länger und lassen Sie ihn im Backofen mit halb geöffneter Tür auskühlen.
Sie können diesen saftigen Schokokuchen lauwarm mit einer Kugel Karamelleis und mit gesalzener Butter servieren.

Register

Der Dank der Autorin geht an:

Ressource für die schönen Farben – www.ressource-peintures.com; Ekobo für die Bambusobjekte – www.ekobohome.com; Fermob für die geliehenen Gartenstühle – www.fermob.com; die Firma ENO für den geliehenen Plancha-Grill – www.eno.fr; Astier de Villatte für das schöne Geschirr – www.astierdevillatte.com; Sabre für das hübsche Besteck – www.fr.sabre.fr; La vaissellerie für die weißen Teller – www.lavaissellerie.fr; Weber für den geliehenen Grill – www.barbecueweber.fr.

« Dieses Buch ist meinen Freundinnen gewidmet. Sie haben mich seit langem gebeten, meine Lieblingsrezepte in einem Buch zu veröffentlichen. Ich danke denen unter ihnen, die indirekt zu diesem Buch beigetragen haben, indem sie mir einige ihrer besten Sommerrezepte anvertrauten. Und Danke auch an Caroline, mit der ich immer gerne zusammenarbeite. »

ISBN 978-3-572-08141-7

1. Auflage

Umschlaggestaltung: Atelier Versen, Bad Aibling
Übersetzung: Aggi Becker, Köln
Realisierung der deutschen Ausgabe: trans texas publishing services GmbH, Köln
Projektleitung: Anja Halveland

Fotos: Caroline Faccioli
Layout: Claire Mieyeville

Die Ratschläge in diesem Buch sind von der Autorin und vom Verlag sorgfältig erwogen und geprüft, dennoch kann eine Garantie nicht übernommen werden. Eine Haftung der Autorin bzw. des Verlags und seiner Beauftragten für Personen-, Sach- und Vermögensschäden ist ausgeschlossen.

Der Verlag weist ausdrücklich darauf hin, dass im Text enthaltene externe Links vom Verlag nur bis zum Zeitpunkt der Buchveröffentlichung eingesehen werden konnten. Auf spätere Veränderungen hat der Verlag keinerlei Einfluss. Eine Haftung des Verlags für externe Links ist stets ausgeschlossen.

Satz: trans texas publishing services GmbH, Köln
Druck und Verarbeitung: Druckerei Theiss, St. Stefan im Lavanttal

Printed in Austria

Verlagsgruppe Random House FSC® N001967
Das für dieses Buch verwendete FSC®-zertifizierte Papier *Profimatt* liefert Sappi Ehingen.